阿部順子／東川悦子［編著］

高次脳機能障害を生きる

当事者・家族・専門職の語り

True Life Stories
of
Eleven Survivors with Brain Injuries

ミネルヴァ書房

はじめに

本書は高次脳機能障害を抱えて生きる当事者とその家族、および彼らを支援してきた専門家による一一の語りを収めたものです。

日本脳外傷友の会が二〇〇〇年に設立され、その一五周年記念事業の一つとして編纂されました。個々の語りは、ある意味、日本における高次脳機能障害支援の記録でもあります。

当事者の声を世の中に届けたいというのが、本書のそもそもの出発点でした。ただ、体験記のようなものはすでに各地の友の会をはじめいくつか出版されていますし、ライターが執筆した本もあります。また、当事者自身が執筆するとなると、執筆能力がある人に限られてしまいますし、往々にして表面的なきれいごとに終始しがちです。

そこで、本書では今までと異なる二つの挑戦をしました。一つは文章を書くことが難しい当事者の場合には、インタビューによって、できる限り本人の思いを引き出していくことを試みました。もう一つは当事者と家族だけではなく、時には悩みつつ彼らを支援し続けた専門家の客観的な視点を加え、一人の人の受傷・発症から今日に至るまでを重層的に描き出そうとしたことです。

日本脳外傷友の会の活動に深い理解を示している全国各地の専門家に、心に残った人を紹介してもらいました。日本脳外傷友の会とのかかわりの中で依頼したこともあってか、交通事故の後遺症を抱える若者の事例が多く集まりました。このような事例が多く選ばれた背景には、若者であるだけに社会に戻ったあとにも長期的な支援が必要だったことや、さまざまなトラブルを乗り越えて長い年月をかけて成長していく姿が支援者の心に深く印象づけられていることもあるのでしょう。

執筆した専門家の職種は医師、臨床心理士、作業療法士、理学療法士、言語聴覚士、社会福祉士と多岐にわたります。またこの中には、高次脳機能障害者のご家族という立場を併せもっている方もいます。

くどいようですが、本書は従来の体験記という枠に収まるようなものではありませんし、逆に事例について解説した専門書でもありません。

当事者の方は、読まれて同じような思いをしている当事者にわが身を重ねてみたり、家族の思いをあらためて感じてみたりするかもしれません。また専門家の解説を読んでご自分の症状や今までの支援の意味を知ることができるかもしれません。これからの進むべき道を照らす一助となれば幸いです。

ご家族には、暗闇の中にいて先が見えずにもがいている方もいるでしょう。そのような方にとって一筋の希望の光となれば幸いです。また一山乗り越えたあと、過去を振り返ってご自分たちの歩んできた道をあらためて意味づける方もいるでしょう。本書に登場するご家族は、同じような体験をされたご家族と出会って救われた思いをしています。のみならず、その後家族会を立ち上げて、支援者となってほかのご家族を支援している方たちもいます。このことこそが、日本脳外傷友の会のスローガンである、「ひとりはみんなのために、みんなはひとりのために」をあらわしていることでしょう。ただ、前に進んできてはいるけれど、たしかに一五年前とは雲泥の差ではあるけれど、残された課題もあることは第一一話の「それでも人生は続く」を読んでいただければわかります。

専門家やこれから高次脳機能障害支援に携わろうとしている支援者は、当事者や家族が抱えた困難や心の揺れを知ることができるでしょう。それは教科書や論文で得られる高次脳機能障害に関する知識のモザイクではなく、障害をもって生きている個人の像として立ち現われてくるはずです。それだけではなく、彼らの複雑に見える行動を専門家の解説を手掛かりに読み解くことができるでしょう。同時に、専門家があきらめずにかかわり続けている姿も見ていただき、難しいとして敬遠されがちな高次脳機能障害支援の輪に加わっていただくことを期待します。専門家は一人で格闘しているわけではありません。医療・福祉・教育・労働などにかかわるさまざまな機関や人と連携して支援しているのです。

なお記述にあたって、当事者ご本人の名前はできるだけ実名でとお願いしましたが、希望される方には仮名を使用してもらっています。仮名の方の話も、率直に心情を吐露された内容です。したがって実名か仮名かの区別は記載していません。また文中に出てくる第三者（解説者以外）の名前はイニシャルとさせていただきました。

「おわりに」では日本脳外傷友の会の活動についてふれています。こちらのほうもお読みいただき、「見えない障害」、「谷間の障害」と言われていた高次脳機能障害支援の一五年間の歩みに思いを馳せていただければ幸甚です。

編者を代表して

阿部順子

高次脳機能障害を生きる——当事者・家族・専門職の語り【目次】

目次

第1話　今さら高次脳機能障害と言われても

受傷後の記録

年	齢	経過
一九九四	7	10・1（小学一年生）交通事故による脳外傷（通学途中に信号無視の車にはねられる）。救急救命センター搬送。
		11リハビリのためにいわてリハビリテーションセンターへ転院。
一九九五	8	3・15小学校に復学。
二〇〇〇	13	4私立の中高一貫校に入学。
二〇〇三	16	4別の私立高校に転入するが、高校三年生時に退学。
二〇〇五	18	2栃内第二病院でのリハビリを開始。
二〇〇六	19	4東京障害者能力開発校に入学、翌年卒業。
二〇一三	26	7国立障害者職業リハビリテーションセンター入所、一年後就職し現在に至る。

高次脳機能障害って……何それ？

小林亮太

小学校の頃の記憶も幼稚園の頃の記憶もあまりありません。小学校の時のよい思い出はほとんどありません。ただ、三年生の時、担任の先生が唯一男性だったことと、それまでは走るのが苦手でいつもビリだったけれど、友だちが走り方を教えてくれて、そのおかげでビリから上位になったことは唯一うれしい思い出として覚えています。あと覚えていることは、たしか四年生だったと思うけれど、自分は生きている価値がないと思い、自分に包丁をつきつけて死のうと思ったことがありました。その時、母親に真剣に止められ、「こんなにつらいのに死ぬこともできないんだ」と思ったことを覚えています。

中学校時代の記憶はありますが、毎日がつらく、よい思い出はほとんどありません。そのような中、突然、母親から「お前は高次脳機能障害だ」と言われましたが、最初は何を言われているのかわからず、「何なのそれ？」という感じでした。自分には小さい頃の記憶がほとんどないので、自分が以前とどのように違っているのか同じなのかもわからず、今まで当たり前に生きてきたのに今頃になってなぜ急に言われるのかもよくわかりませんでした。まして、いきなり障害者と言われても、受け入れることはできませんでした。

高校の頃も、周りの人から蔑まれ、つらい日々を過ごしていました。その頃の俺は、普通の人の何倍も感情の波があり、人に対して過敏でイライラしてキレたり、落ち込んだりしていました。普通の人が思春期で経験するイライラ等の感情の幅が半端じゃなく大きかったので、自分でコントロールすることができず、暴力でしか、そのイライラを止められませんでした。でも、暴力のあとは決まって落ち込んでいました。家でも父、母、妹たちに暴力をふるいました。中学でテニス部に入り、体を鍛えていたので、ちょっとのつもりでも物を壊したり、人を傷つけたりしてしまいました。父親は、「自分は仕事しているから大変だ」とよく言っていましたが、障害の方がよっぽど大変だと思って腹が立ち、毎日のように父とけんかをしていました。ある日のけんかで、父親が骨折をし、父親に勝ったことで急にむなしい気持ちになりました。その頃の俺は、キレると自分がわからなくなるので、人に近づいてほしくありませんでした。自分が悪いことはわかっていたし、人を傷つけるのもつらかったのです。でも自分ではどうすることもできませんでした。だから自分と距離を保って接してくれる人とはうまくかかわれていました。

また、スポーツはエネルギーの発散になりました。週一回テニススクールに通ったり、リハビリで卓球やテニスをしたことが超うれしかったです。また、そのほかにうれしかったことは、自分が書いた詩が新聞に掲載されたことです。詩を書くことで、雑念が飛んで夢中になれました。そのように何か夢中になれることがあればイライラしなくて済むので、そういうことをずっとやっていたかったです。

高校停学中には何もすることがなく、母親から新聞に載っていたホームヘルパー講座の受講を勧められました。祖父が、「亮太は人の役に立つ仕事が向いているんじゃないか」と言ったこともあり、何よりもやることもなかったので資格を取りました。東京障害者能力開発校卒業後、ヘルパーの資格を使って介護の仕事をしたこともありました。介護の仕事はものすごく大変だけど、人から感謝されるのがうれしくて、資格を取ってよかったと今も思っています。

東京障害者能力開発校時代に、初めてわかりあえる友人と出会えました。ある日、相手に誤解を与える言い方をしてしまった時に、その友人が「お前の言いたいことはこういうことで、それも一理ある」と言ってくれました。相手が自分の言いたいことを理解してくれていると、この時、初めて自分のことをわかってくれる友人がいるのを感じて、すごくうれしかったことを今でも覚えています。この頃は、毎日、友人たちと一緒に過ごしてとても楽しかったです。

いくつかの仕事をしてきましたが、今は横浜で一人暮らしをしながら障害者雇用で仕事をしています。大変ですが、仕事は何とかやっています。

今までやってきた仕事の中で、人から感謝される介護の仕事はとてもやりがいがありました。介護の仕事は身体的にとてもきついのですが、お年寄りに感謝されるととてもうれしいです。本当は実家に住み、そこから働きに行きたいと思っています。てんかんで車の免許が取れないので、地方では働けないからです。このことが仕事の選択の幅を狭めているので、悔しく思います。

家族のことで特に後悔しているのは、妹に対して兄貴らしいことを何もしてあげられなかったことです。本来なら妹を守るべきなのに、逆のことをして傷つけてしまいました。謝っても許してくれるものではないと思うし、これからどう償っていけばいいかわかりません。ただ、これからは少しでも兄貴らしくなりたいと思っています。

親に対しては、いまさら償えるわけもないので目をつぶってもらいますが、子どもの頃から自分のことは自分で決めたいのに、ちゃんと理解しないまま親や周囲に勝手に決められることにはすごく腹が立ちました。もっと自分のことをちゃんと理解して、どうするかは本人に決めさせてほしかったと思います。それでも、自分が反抗をして、失敗を繰り返していたのを見守ってくれたことには感謝しています。また、一人暮らしをして親のありがたさがわかり、親には感謝しています。

自分が感情の波がコントロールできなかった時、周囲の人には障害ではなく、個性として受け止めてほしかったです。わがままかもしれないけれど、悪いのは自分だとわかっているので、周りの人には笑って許してほしかったです。自分を直そうとすると、ものすごくエネルギーがいるので、障害を理解して、そのままつきあってほしかったです。

ちなみに今は、イライラすることがあっても我慢ができるようになりました。ただ、今も自分自身には満足していません。これからは、欠点だらけの自分を受け入れて、その欠点を克服していけるように自分を高めていきたいです。

最後に、家族会ができた時はうれしかったのですが、実際は親の会であって当事者の会ではないと感じ、正直期待通りではありませんでした。だから、今後は当事者にしかわからない思いを共有できるピアカウンセラーをして、同じ障害の当事者たちの役に立ちたいと思っています。自分にできるかどうかはわかりませんが、可能なら当事者会をつくっていきたいと思っています。

（インタビュー＆構成：山舘圭子）

二一年の年月

小林眞由美（母）

今も忘れられない一九九四年一〇月一日、突然電話が鳴った朝。子どもたちが出かけてからの電話は今でもドキッとします。息子が小学一年生で交通事故に遭ってから二一年の月日が流れました。振り返るとアッという間ですが、それまでは、今この瞬間が早く過ぎ去ってと何度も願い、夢も希望もなく先の見えない日々を必死に闘ってきました。二〇年過ぎて思うことは、そのようなつらい毎日も意味のない日々ではなかったということです。

あの日、学校の先生から「お母さん、こういう時です。タクシーで向かってください」と言われましたが、タクシーを待つ余裕なんてあるわけありません。二歳の娘を小脇に抱えて慌てて車に飛び乗り、救急センターへ向かいました。救急センターまでは一〇分程で着くのですが、その時は一時間にも二時間にも感じられました。それに急いでいる時に限って赤信号にばかり当たるんですよね。そのたびにハンドルを揺さぶり、早く早くと焦っていました。活発な子でしたので、「痛い、痛い」と大騒ぎしているのではないか、大泣きしているのではないか、病院に迷惑をかけてなきゃいいなと思いながら向かっていました。

しかし、そこには、たくさんの管につながれ、いくつもの機械に囲まれて青白い顔をした息子が何も言わずに寝ていました。まるでテレビドラマのワンシーンのようで、現実のこととは思えませんでした。「学校は？　何やっているの？　早く起きなさい」。

そばにいた先生から説明を受けましたが、今何が起きているのかがまったく理解できず、そもそもなんで私も息子もここにいるの？　という感じでした。専門用語で説明されても何のことかまったく理解できずにいました。それでも、非常に危険な状態で、今晩が山、もって二〜三日、会わせたい方がいるならといった言葉を必死に理解しようとすればするほど、何？　なぜ？　ここはどこ？……もう完全なパニックで、とうとう看護師さんに抱えられながら処置室の外に出されました。主人がやっと到着し、先生と話をしてずっと息子に付いてました。もう大丈夫だから私も中に入れてほしいとお願いしましたが、付き添いは一人だけとのことでした。その間、処置室には先生や看護師さんが慌てて出たり入ったりし、そのつど開くドアから必死で覗いたり、先生や看護師さんを捕まえては、何かあったのですか？　どうなってますか？　まだですか？　と……今思うと邪魔ですね。でもその時はとにかく必死でした。息子を二階の部屋へ移しますと言われてから何時間経ったのでしょうか？　その頃には、救急センターの待合室には大勢の親戚や知人が集まっていました。その日から私は、病院の家族控室で寝泊まりし、その部屋の電話が鳴るたびにほかの泊まり込みの家族の方々と争うように電話に走っていました。家族控室で一緒になった方とは今も年賀状で、年に一回お互いの近況報告をしています。寝泊まりしていた頃、義理の両親が毎朝、私のためにおにぎりを持ってきてくれましたが、その時の私は食べることも飲むこともできませんでした。私の身体を心配し「食べなさい」と言われ、無理やりおにぎりを口元に置かれて一口食べたけれど、飲み込めず、口に入れてはティッシュに出していました。何も喉を通らなかったのです。

そのような状況で、私は息子につきっきりでしたので、しばらくの間二歳の娘を実家に預けることにしました。家に戻り、泣きながら身支度をし、娘を送り出しましたが、病院に戻ってからも涙が止まりません。主人には「いつまで泣いているんだ」と怒られましたが、どうすることもできませんでした。

事故から一〇日後、医師に、搬送時は呼吸停止で、最悪は脳死と言われました。でも、死ぬなんて絶対考えられませんでした。私の思いが通じたのかどうかはわかりませんが、その後、息子は何とかもちこたえてくれて、一日に五回の面会が許されるまでになりました。ただ、急変時には会うことを許されないので、そのような時には救急センター向かいのアパートの二階の踊り場に走っていき、そこから救急センターの中の様子を見て「がんばれ」と手を合わせて祈っていました。そのようなことが何度か続きましたが、若さのおかげなのか、先生も「奇跡です」というくらい回復していきました。

ようやく一般病棟に移り、初めて息子の体を起こした時、首のすわっていない赤ちゃんのように首がぐらぐらしていたことにとても驚きました。なかなか言葉は出ず、右手は固まっていました。右大腿部を骨折していたのでその時は足の麻痺のことまでは考えていませんでした。その後、リハビリのため、いわてリハビリテーションセンターへ転院しました。リハビリテーションセンターの患者さんは年配の方々ばかりでしたので、息子は皆さんの孫のような存在でした。この時の環境は息子にとってものすごく穏やかで楽しい日々だったと思います。あとになってからの年配の方々への対応等を見ていると、この頃の経験があるのかもしれないと思います。

息子が受傷し、約半年間の入院の後、まだ言葉もゆっくりで麻痺も残っていましたが、一年生のクラスに戻りたいという本人の願いで復学しました。念願の学校に戻り、大勢の友だちの中に居られることが、とても楽しい様子でした。しかし、ようやく復学できた喜びも束の間、うまく走れない息子の様子を真似する子たちも出てきました。学年が進むにつれ、大好きなサッカーを皆としたくてもうまく走れず、うまくボールを蹴ることのできない息子は皆の足手まといに思われたのでしょう。それにつれて周囲が息子を避けるようになり、それにつれて息子も感情のコントロールがつかなくなっていきました。それでも息子は、「笑っていれば済むことだから」と我慢していました。高学年になると息子に対するいじめはさらにエスカレートし、暴力もふるわれていたようです。なぜ息子がこのような目にあわなければならないのか、やり場のない怒りとつらさでいっぱいでした。しかし、今思えば、大好きな学校に復学し、友だちと一緒に遊びたかったのに思うようにならない自分の状態と周囲の様子に、本人自身が一番つらかったのだろうと思います。

中学は、息子を守りたいという思いから養護学校への進学の検討をお願いしましたが叶わず、小人数の中高一貫の私立校へ進学を決めました。入学後、早速ソフトテニス部に入部し、高校生と一緒に真剣に取り組み、部活後は宿題するなど積極的に生活していました。「よかった！」と思ったのも束の間、国体にも出場する部の練習はハードで、次第に集中できなくなり、結局退部してしまいました。退部後は学校での問題行動が多くなり、担任には親の育て方が悪いと言われました。事故のあと、私は、「あの時、もう少し話をしていたら……。1秒でも早く家を出かけさせていれば……」と何度も何度もあの朝を思い出し、後悔ばかりでした。だからこそ、息子のためにと私も必死でしたが、「育て方が悪い」という担任の言葉は、「これだけ必死に頑張っているのに……誰もわかってくれないのか」と思わされ、腹立しさと悔しさでいっぱいになりました。それに追い打ちをかけるかのように、息子の家庭内暴力が始まり、次第にその矛先は妹たちにも向けられるようになりました。些細なことで急に怒り出し、手をあげる息子から妹たちを守るために私の身体は痣だらけになり、毎日泣きながら暮らしました。

主治医のT先生に相談すると、「高次脳機能障害」かもしれないと言われました。高次脳機能障害なんていう言葉は初めて聞きましたし、突然、障害と言われても何のことかわかりません。まして、受け入れることなんてできません。もしかしたら足の障害は残るかもしれないとは思いましたが、事故＝治るという頭しかないので、障害とは考えていませんでした。障害が残るなんてことは考えたくもありませんでした。ただ単に反抗期・思春期だと思っていましたし、そう思いたかったです。

しかし、その後も先生は何度も繰り返し私たちに障害であるかもしれないと言いました。今思えば、あの時に障害ということを受け入れることができていれば、周りの人にも理解や協力を求めることができたのかもしれませんが、その頃の私はとてもそのような気持ちにはなれませんでした。

それでも藁をもつかむ思いで、静岡で行われる脳外傷友の会の全国大会に参加することにしました。その日は、ちょうど三番目の娘の七歳の誕生日でした。決して末娘の誕生日をないがしろにしたわけではなかったのですが、それだけ切羽詰まっていました。そんな思いで参加した全国大会で皆さんの話を聞いた時、自分の息子の障害が軽いことや私が悩んでいることがいかに小さいものかということを感じました。今まで自分だけが大変だと思っていたのに、世の中にはもっと大変な人がたくさんいることがわかり、自分の気持ちがずいぶん変わりました。そして、その時Hさん（現いわて脳外傷友の会イーハトーヴ代表）やK顧問（現いわて脳外傷友の会イーハトーヴ顧問）、三田記念病院精神科医のK先生等、県内の方々と知り合ったことが私と家族の人生を変えました。同じ思いをもつ皆さんにめぐりあったことで、あれよあれよという間に家族会をつくることになりました。今思えば、K顧問がいなければ家族会はできなかったと思います。また、T先生がいなければ、私は高次脳機能障害に出会わなかったかもしれません。この時期、自分を支えてくれる人がいなかったら、私はどうなっていたかわかりません。同じ障害を抱える家族だからこそわかる思いやどうしたらいいかという対処法がわかることでどれだけ救われたことか、そしてそのおかげで私も高次脳機能障害を学ぼうと努力しました。

今思えば、失礼なお願いや自分勝手な思いでご迷惑をおかけしたと思いますが、それらを許してくれた皆様に感謝です。

高校は、新たな環境に一縷の望みをかけて、別の私立高校に入学しました。しかし、入学早々に近くの公園でけんかをしたり、てんかん発作が起きて体調も不安定で学校に行けなくなったり、学校で暴れることが頻回となり休学を余儀なくされ、精神科にも短期間入院する等、大変な時期でした。精神科への入院初日、手続き等が終わり病棟を出ると、「ガチャ」という鍵をかける音が聞こえ、胸が締めつけられ、涙をこらえることができませんでした。ちょうどこの日の夕方は「高次脳機能障害者と家族を支える会」の運営委員会が行われました。その委員会では、「とにかく早く今、今日、明日をなんとかしてください。お願いします」とずっと泣いていたことを鮮明に覚えています。結局、高校は自主退学となりました。毎日のように学校に出向き話し合いをしてきましたので、仕方がないという気持ちと同時に、もう少し理解してほしいという気持ちもありました。けれどもう限界なのかなという複雑な思いもありました。

この頃の私は少しは高次脳機能障害というのを理解し始めてきましたが、息子は、当たり前に育ち、当たり前に生きてきたのに、いきなり障害者と言われても受け入れられるわけがありません。リハ講習会などでは、高次脳機能障害の方は「昔はできたのにできなくなった」とよく聞きますが、息子は今からたくさんのことに挑戦して、成長していこうとスタートラインに立ったばかりの時の事故なので、大人とは違うと思います。あと何年かで成人という息子が、突然、高次脳機能障害と言われて、当然ながら受け入れられなかったのでしょう。「いきなり障害者にされる俺の気持ちわかるか」と何度怒鳴られたことか。そのたびに暴れる息子に「私だって障害なんて思いたくない」という思いは同じでした。当時の息子は高次脳機能障害という言葉を聞くだけでとにかく怒っていました。しかし、家族会の皆さんが我が子のように接し、よく話を聞いてくれ、怒る時は怒り、褒める時は頭をくちゃくちゃにするぐらい褒めて、普通に人として接してくれたことがよほどうれしかったのだろうと思います。そのおかげでいつの間にか息子も障害を受け入れられたのだと思います。

高校退学後の生活で迷っていた時に、リハ講習会で知り合ったH先生の所に受診に行き、先生の勧めで東京障害者能力開発校に入学し、同時に寮生活が始まりました。ほっとしていた四月下旬、早々に学校から呼び出しがありました。学校に行くと、問題行動を次々と告げられ、このまま自宅に連れていったほうがいいと言われました。本人とも話し合いをし、二度と問題を起こさないと一筆書いて、様子を見てもらうことにしました。その後も何度も呼び出しはありましたが、おかげさまで無事に卒業できました。息子を信じて見守ってくれた先生方に感謝です。

卒業後は府中市内の病院に就職が決まりました。アパート探しをしている時、本人が職場に立ち寄り、「雇ってくれてありがとうございます」と頭を下げていました。その姿を見て、息子の成長ぶりに感激し、うれしくなりました。

二〇〇八年には、息子が、岩手で行われた日本脳外傷友の会の全国大会で当事者発表をしました。その時息子は、皆さんの前で「親はライオンになれ」と言いました。私はその言葉に驚きましたが、皆さんから絶賛され、かえって恐縮しました。たくさんの方に声をかけてもらった息子もとてもうれしそうでした。私も息子の成長がとてもうれしく涙が出ました。

しかし直後、せっかく就職した職場を退職し、夜の仕事に就くことになりました。昼夜逆転の生活で酒びたりになってしまい、げっそり痩せました。ついには家賃の振込も滞り、水道、電気、ガスも止められ、掃除もせず異臭のするアパートで生活する様子を目の当たりにした時は涙が止まりませんでした。何度も息子に家に帰ろうと話しますが、本人は、今責任ある仕事をしているからと決して帰ると言いませんでした。人から頼りにされていると思うとうれしくもありますが、このままの生活をしていたら身体を壊すと心配が勝り「絶対連れて帰ろう！」と職場まで迎えに行きました。その時、大勢の同僚が、「おう‼　元気か！」と息子に親しげに話しかける様子を見て、思わず涙が出ました。小学・中学・高校という、人とのかかわりの中で心を成長させていく時に残念ながらできなかったことがようやくここでできるようになったのかと思うと、この成長を止めてはいけないとの思いが立ち、連れて帰ることを断念しました。しかし、結局は、家賃の滞納で家に戻ることとなりました。不動産屋さんが、息子のがんばりを理解してくれ、滞納しても待ってくれていたのが幸いでした。親として滞納分を一括で支払いましたが、それは内緒にして本人からの支払いを待つということにしてくれたことは、本当に感謝しています。

その後、実家に戻り、ヘルパーとして一年半ほど老人介護施設に勤めた後、もう一度訓練を受けたいと埼玉の国立障害者職業リハビリテーションセンターで職業訓練を受け、現在、正社員として品川にある会社に勤めています。息子にとって初めての正社員です。働いていれば嫌なことや苦労はいろいろあるようですが、石の上にも三年。「三年は頑張って働きなさい」という叔父との約束を頑張って守っているようです。

事故の一番の被害者は息子ですが、同時に妹たちも被害者だと思います。長女は事故当時まだ二歳でした。私は病院に寝泊まりしていたので娘を実家に預け、実家が忙しいと主人の実家にお願いしていました。そのくらい、息子の事故は私たち家族にとって青天の霹靂、どうしたらいいかわからない迷路に迷い込んだような状況でした。ある朝、義母から病院に電話があり、娘にはげができているから皮膚科に連れていってくれと涙声で告げられました。慌てて娘を皮膚科に連れていくと二つの円形脱毛がありました。先生が「こんなに小さいのに、何があったのか」と驚き、少し怒りながら私を見ていたことを覚えています。原因は精神的なストレスによるものなので、たとえどうにもならない状態だとしても、少しでもストレスを軽減するようにとのことでした。私は、娘の頭に塗り薬をつけるたびに涙が出てきました。決して娘をないがしろにしているつもりはありません。私にとっては息子同様にかけがえのない娘なのです。面倒を見てくれている義母は、「本来はお母さんがお薬をつけてあげられるといいのに」と言っていましたが、そうしたい思いは誰よりも母親の私が一番もっていました。しかし、当時は義母にお願いするしかありませんでした。

そんなつらい思いをした妹にさらなる追い討ちをかけたのは、学校生活です。息子は一生懸命学校生活を送っていたのですがいじめにあい、娘は、その妹と周りから言われていたようです。しかし、娘は、そんなことは気に止めずに明るく振る舞い、母親の私にはそのことは何も言いませんでした。娘の明るさと優しさには本当に助けられました。それに応えることができなかった母として、娘には今でも申し訳なさと感謝の気持ちでいっぱいです。余裕がないのは私の心であって、時間に余裕はつくれたはず。今さら気がつくなんて……。でも、今さらだけど、気がついてよかった。ありがとう。そして、ごめんね。これからもよろしくね。

そして今、二一年を振り返ると、他の人にはそうそうできない経験をし、たくさんの方々とめぐりあえました。当時のことを思い出し、そんな話も、大人になった息子や娘たちと話せるようになりました。小さい頃から、頭は悪くてもいい、挨拶できる子になりなさいと口をすっぱくして言ってきました。挨拶したのに聞こえてないとやり直しさせられ嫌だと感じたけど、今ではありがたいと思っていると言ってくれた子どもたちの言葉にはすごく救われました。これが人生なのでしょう。つらくても苦しくても必ずわかってくれる、そして笑える日がくるのです。今は、息子の事故をポジティブに考えられるようになり、事故という悲しく苦しい出会いも悪いことばかりではなかったと思えるようになりました。そう思えるのは、家族会の皆さんが息子とまるで我が子のように接してくれたことが大きいと思います。私の言うことは聞かないのに、同じことを家族会の人が言うと黙って素直に聞いてくれています。家族会の良い点は、一人一人をちゃんと受け入れ、そして良いも悪いもちゃんと向き合ってくれることだと思います。家族ではできないことを家族会でやってくれたことには本当に感謝です。私たち親子はいかにたくさんの人たちに助けられ、支えられてきたかということをあらためて感じます。素直な気持ちで息子や家族そして支援をしてくださった皆さんにありがとうと言いたいです。一つ一つの出会いに意味があり、つながっているように思います。

最後に、支援に対する地域格差は今でもありますが、医療、行政、教育などさまざまな分野でその格差を縮めようと努力してくださる大勢の方がいることは私たちにとってありがたいことと思います。これからは、この格差を少しでも埋められるよう家族会活動を頑張っていきたいと思います。このような活動ができる恵まれた環境にいることに感謝して。

〈解説〉発達に伴い、高次脳機能障害が顕在化してきた青年

山舘圭子（臨床心理士）

私が彼と出会ったのは二〇〇五年、彼が高校生の時だった。ちょうどその頃、岩手では高次脳機能障害の家族会をつくろうと行政・福祉・医療・教育などの分野で支援に対する機運が高まりつつある時期で、彼の母親は「いわて脳外傷友の会イーハトーヴ」（家族会）の副代表として設立準備から忙しい日々を過ごしていた。母親は周囲に、彼のことを理解して対応してほしいと一生懸命だったが、その術がわからず苦悩されていた。そのような時、母親は、家族会設立記念講演で阿部順子先生の講演を聴き、先生から「現場に出向いた支援」をアドバイスされた。早速母親は学校側に彼への理解を求

め、それに対し学校もいろいろと配慮してくれていた。しかし、当時、岩手では「高次脳機能障害」という言葉も十分に認知されておらず、まして受傷から一〇年近く経過して生じてきた症状を高次脳機能障害だと本人も周囲も理解することは難しく、支援はいきづまっていた。

そのようななか、彼と母親は学校での支援を求めて当院にやってきた。母親とは家族会設立準備の頃から知り合いだったが、これだけ感情の爆発があるケースに私はあったことがなく、引き受ける自信もなかった。しかし、母親の思いに、最後は覚悟を決めた。受傷後から長年通院しているいわてリハビリテーションセンターのT先生が主治医のまま、リハビリは私のところで行うというイレギュラーな対応を、私の属する病院の医師も快く了承し、リハビリがスタートした。

当時の彼にはリハビリに対するニーズはなく、周囲に見くびられたくない、なぜ自分だけが特別視されるのか、誰も俺のことをわかってくれない等のつらさで満ちあふれていた。しかし、それを素直に吐露することはできず、寂しさやつらさはぶっきらぼうな態度で、見くびられたくない思いは肩肘を張って周囲に表現するしかできなかった。一方で人懐っこく素直な面もあり、周囲が何とかしたいと思わせる存在であった。母親は、とにかく今の状況を何とかしてほしいと切羽詰まった様子で、余裕がない状態だった。

当院では作業療法と心理のリハビリを実施することにし、作業療法ではスポーツが大好きな彼のためにテニスや卓球を行った。リハビリのニーズのない彼がリハビリを続けられたのは、S作業療法士が彼のあり余るエネルギーをスポーツで発散させたこと、そして何よりも一人の高校生として真摯にかかわったことが大きかった。

出会いから約一年、当院でのリハビリは続いたが、体調の波により学校に行けない日が続いたり、同級生を殴って退学になったり、母親が身体に大きな痣をつくって泣きながら病院に来たりと、いつ何が起きるかわからない日々が続いた。高校退学後は、彼の生活リズムの乱れや破局反応を避けようと何とか居場所ややるべきことを見つけたいと思っていても、乏しい地域資源の中、なかなかその活路は見出せずにいた。

そのような中、母親が、神奈川リハビリテーション病院のH先生の所に検査に行く段取りをつけ、H先生から東京障害者能力開発校への入学を勧められた。一日も待てないという親の気持ちが勝り、母親にリードしてもらいながら支援をするという情けない展開であった。

母親の、「一〇年経ってまた事故に遭ったようだ」という言葉通り、子どもの高次脳機能障害は、回復という側面に発達という側面が加わることで症状の理解と対応に難しさが増す。特に思春期の情緒面の発達をいかに育てるかは大きな課題である。

私は彼ら親子とかかわるなかで、彼らに欠けているのは他者から受け入れられる経験ではないかと強く感じた。脳は適応的に変化していくため、特に発達段階にある子どもにとってどのような環境でどのような経験をするかが重要である。社会から受け入れられていないと感じている人が周囲の人を受け入れられるわけがなく、他者から受け入れられた経験が人を育むと考える。彼の場合、自分を受け入れてくれる家族会の人たちとの出会いが障害を受け入れることにつながり、そのことが東京障害者能力開発校での自分のことをわかってくれる友人との出会いにつながっていった。母親は、支援者との出会い、家族会をつくるという同じ目標をもち互いに支え合える人たちとの出会いにより、感情も行動も変化していったと思う。

今振り返っても、彼ら親子の支援は、決して私たちだけではできなかった。モデル事業などで先進的に取り組んでおられた先生方や地元のさまざまな病院、学校、家族会、障害者職業能力開発校と地域や領域を超えて連携することで、初めて彼らの支援を行うことができた。私は、彼らが苦悩を乗り越えていく過程にほんの少しだけかかわったにすぎない。しかし、そのおかげで、私も成長し、また岩手の高次脳機能障害支援自体も発展したのだと感謝している。それ故、彼らは私にとって忘れられない存在である。

彼の神経心理学的症状は、ＭＲＩ所見は正常で、びまん性軸索損傷がうかがわれた。知的機能、記憶ともほぼノーマルであったが、言語性ＩＱに比べ動作性ＩＱは低く、乖離が認められた。しかし、動作性の低下は、失調症による巧緻性の低下によるものが大きいと考えられ、基本的な知的機能、記憶は保たれていた。

一方、感情の爆発や落ち込み等の社会的行動障害（感情コントロールの低下）、金銭管理ができない、見通しを立てた行動ができない等の遂行機能障害が認められており、前頭葉機能の低下が顕著だった。

子どもの高次脳機能障害の場合は、すでに成熟した脳をもつ大人とは異なり、受傷そのものによるダメージだけではなく、損傷後の脳の発達に伴い獲得する新たな知識や技能、社会性等にも影響を及ぼすため、症状が後から顕在化してくるという特徴がある。脳は、特定の技能や能力が発達する成熟期が異なり、なかでも最も遅く発達するのが前頭葉であり、前頭葉は感情・意欲・行動をコントロールする。子どもの脳外傷の場合、受傷から時間が経過し、前頭葉が発達する時期に症状が顕在化しやすいことをチャップマンは明らかにしている。前頭葉の発達が始まる時期は、第二次性徴期、すなわち思春期に相当する。思春期は、一般的に身体の発達に比し前頭葉が未発達なため、感情・意欲・行動のコントロールがつきにくい。彼の場合、思春期であることに加え、前頭葉の発達時期に脳損傷の影響が出てきたことが、感情の爆発や暴力などを引き起こしたと考える。しかし、彼は大人になるにつれ、徐々に感情や行動がコントロールできるようになっている。このことから、周囲と比較するのではなく、個人の視点で発達を捉えていくことが大切だと考える。

また、遂行機能障害が目立ってきたのは、親元を離れて一人暮らしするようになってからではあるが、実際には高校時代からその症状が現われていた。彼の選んだ高校はチューター制でクラスもなく、授業も選択制で自由度が高いという特徴があった。遂行機能障害があると、いつ何をすればいいか等の行動計画を立てたり、優先順位を決めることが苦手になる。彼の場合、高校生になり学校生活での枠組みがこのように曖昧になったことも影響し、学校生活に適応することの難しさが顕著になってきたと考えられる。また、この枠組みという視点から言えば、生活面においては家庭、寮生活、アパート生活と徐々に枠組みがゆるくなり、それに伴い自分で行動管理しなければならないことが増える。実際、枠組みがゆるくなるにつれ、金銭管理ができない、片付けられない、生活が不規則になり健康管理ができない等の問題が顕在化してきている。また、一度問題が生じても自分で行動を修正することが難しいため、いったん環境をリセットし、再び生活を組み立てる必要があった。

学校生活への適応支援は、実際に学校へ出向き、担任、家族、本人などと今までの支援や今後の支援方法について連携をはかることから始めた。サポートがうまく機能していない原因としては、肝心の本人が自分だけ特別視されることへの抵抗があること、何よりも本人は望んでいないことを押しつけられていると感じていることが考えられた。そこで、学校、母親、病院が連携し彼を支えようという確認と情報共有を行い、学校・家庭でそれぞれ彼がうまくできている場面とトラブルが発生する場面を観察し、うまくできていることは積極的に本人にフィードバックして、その行動を強化する一方、トラブルが発生しやすい言葉や場面を観察し、同様の場面を未然に避けるようにした。学校の先生方は、本人が少人数の授業や好きな教科は勉強したいと思っていることから、クラス選択や彼の好きな教科の指導などを行ってくれた。また、母親、家族には、不安の軽減をはかるためにうまくできている対応法を意識化させた。

手記にもある通り、本人も母親も、受傷から一〇年近く経ってから突然、障害であることを伝えられてもそう簡単に受け入れられるものではない。まして本人は、突然に障害者扱いされることへの憤りが生じ、さらにイライラ感や周囲に対する不信感を強めていた。当時は、発達段階の中であとから症状が顕在化することが十分に知られていなかったため、本人や家族、そして周囲が理解できないのは当然のことであり、まして障害を受け入れることは難しかった。そこで、適応を改善するには、まずは自尊心の回復が大事だと考えた。一般的に、人は周囲から禁止されたり、抑制されて我慢を強いられるより、好きなことややりたいこと、人から喜ばれたり、認められる等、ポジティブな行動をとる方が簡単である。しかし、本人がいかにポジティブな行動をとろうとしても、周囲が障害をもつ彼を受け入れ、理解しようとする環境下にないと、自らの行動を変化させることは難しい。そもそも自らの行動を変容するのは簡単なことではないのだから、障害をもっていればさらにそのことは難しくなる。そのため、支援に環境調整は欠かせない。環境調整としては、まずは本人が安心でき、仲間がいて、人として認められる環境をつくることである。そのためには、周囲が問題行動に目を向けるのではなく、本人が主体的に楽しんでいること、仲間とともに楽しんでいること、人から承認されること等、すでに実践しているポジティブな要素を見つけて、積極的にフィードバックしていくことが大事だと考えた。作業療法では、本人の好きなスポーツを真剣にそしてともに楽しむ経験を通じて人として尊重され、対等な人間関係を築くことの心地よさが、本人の安心につながったと思われる。退学後は、母親や祖父の勧めでホームヘルパー資格を取得し、さらに彼が書いた詩が新聞に掲載されたことも本人にとっては大きな経験となった。そして資格の取得や彼の詩の掲載を家族会の皆が喜び、会報紙に載せる等、周囲から賞賛されたことが自信につながっていった。彼の頑張りや努力の結果をともに喜ぶ人たちの存在が、人の役に立ちたいという彼の感情を揺さぶり、家族会の忘年会では、そっせんして余興を企画して皆を楽しませるほどまでプラスの行動を強化させたと考える。

また、発達という側面では、子どもが大人に成長する過程では、社会の規範を守り、仲間との信頼関係を築き、自己を確立するという発達課題がある。そのためには、自身の感情や行動をコントロールし、自分の行動は自分で決定し、責任をもつことが欠かせない。彼には、行動管理の方法として、好きなことを意識化させ、その行動を強化した。一方で、殴る場面とその結果を確認し、殴っても自分には関係ないからどうでもいい→殴っても自分にはメリットはない→殴らない方がいいというように認知を変化させていった。また、殴らない方法としてイライラしたら外に出る（場面を変える）、苦手な人が来たら近寄らない等、具体的な対処法を確認し、身につけていった。

退学後、彼は高校時代にけんかをした相手と偶然に道で会った時、怒りで全身を震わせながらもじっと耐えられるようになり、少しずつ彼も感情をコントロールできるようになっていった。

東京障害者能力開発校では、規律を守らず、母親を通じて寮の管理人さんから連絡があった。その際には、高校時代の失敗を二度と繰り返さないよう、本人が納得して自分の行動に責任をもつ支援が必要だと感じ、本人がどうしたいのかをまずは確認すること、寮生活を続けたいのなら規律を守らなければならないことを話し合い、その上で本人と契約するよう管理人さんに電話で伝えた。母親の話では、寮の管理人さんは厳しく彼を叱責したにもかかわらず、彼は規律を守るので寮生活を続けたいと答え、規律を破らないという契約書を書いたという。彼がこの場で怒らずに建設的に行動決定ができたのは、仲間と一緒にいたいという強い思いがあったからにほかならない。彼にとってわかりあえる友人の存在は行動を抑制することに結びつき、彼を大きく成長させたといえる。

子どもの高次脳機能障害の場合、親への心理的サポートもまた重要である。親が精神的に不安定だと子どももその影響を受けやすく、子どもが低年齢であればある程、親の影響が大きくなる。彼らには、受傷後からの長いつきあいである主治医のT先生との信頼関係が親子ともどもずっと続いていたことが何よりのサポートであった。先生の勧めにより全国の家族会と出会い、さらに同じ思いをもつ仲間とともに岩手で家族会を立ち上げたことは、母親にとって大きな精神的なサポートであったと考えられる。家族会を運営することで、いつしか支援を求める側から支援者になっていった。支援には、たとえ不十分なノウハウや資源であっても、相談できる人がいるという安心感やともに歩もうとする仲間や支援者の存在が大きいと考えられる。

彼は、受傷から二〇年以上経過した今でも、妹たちへの暴力を後悔している。本来なら守るべき大切な家族を傷つけてしまった過去の記憶は、彼の中で時間が経過しても変わらない。記憶障害がほとんどないからこそ過去の記憶も鮮明なまま残り続け、彼を苦しめ続けている。同様に家族にとってもつらい過去であることには変わりないであろう。

彼らの家族がばらばらにならなかったのは、自らも暴力の対象になりながら、ずっと彼と家族を支え続けた母親の強く深い愛情のおかげであろう。また、彼も母親の愛情を受けていたからこそ、自分の障害に向き合い、素直に反省を言葉にできるようになったのだと思う。彼は、時間はかかったが、少しずつ感情の爆発もなくなり、一人暮らしも何とかできるようになってきている。そして、彼がずっと言えずにいた過去の反省を素直に口に出すことができるようになったのは、大きな成長である。

彼はかつて日本脳外傷友の会全国大会で、「親はライオンになれ」と語った。障害者を保護するのではなく、失敗しながらも自分で歩める力をつけるべきだという彼の主張であった。あれから九年。彼は自らの主張が正しかったことを証明するように、一生懸命生きている。

子どもの高次脳機能障害の場合、損傷した機能のみならずこれから発達していく感情や意欲という側面も大事にしながら、時間をかけて成長を育む姿勢が大事である。特に、人から受け入れられていると感じる環境の中で育つことが重要であり、自尊心をもち続けて生きていくことをサポートする支援が望まれる。

第2話

「キレるのが障害」なんだ

受傷後の記録

年	齢	経過
二〇〇一	15	8・4（高校一年生）スポーツ事故による脳外傷（アメフトの競技中に頭部を打撲する）。県立木曽病院に救急搬送。
		9愛知医科大学病院にて高次脳機能障害と診断され言語訓練に通う。
		9・18高校へ復学。
二〇〇二	16	3リハビリのために名古屋市総合リハビリテーションセンターに転院。
二〇〇四	18	4高校を卒業後、みかんやま作業所（脳外傷友の会みずほが運営）に通所。
二〇〇五	19	4名古屋リハ更生施設で半年間生活訓練。
		10名古屋リハ職能開発課で就労準備訓練開始、並行してみかんやま作業所を利用。
二〇〇七	21	12障害者枠で一般就労し現在に至る。

高次脳機能障害になって

長谷川優

事故後の記憶は、今思い出せるのは高校二年生になったくらいから。高校一年の時の記憶はほとんどありません。高校二年の時に先生が交換日記をしてくれて、何度か見返して覚えました。自分が変わったことに気づいたのはやっぱり高校二年生の頃、勉強についていけなかったり、（部活の）アメリカンフットボールに戻ってもぶつかったりできなかった。その時の気持ちは思い出せません。自分が脳障害だと思ったのは高校二年生くらいから。学校で手を出したり、友達がかばってくれたりして、ちょっとずつわかっていったような気がします。

暴行事件は、二年生の時に同じクラスの子を殴ってしまったのと、柔道部の顧問の先生に手を出してしまったのと、三年生の時に同じクラスの級長を殴ったのと。きっかけは、先生の時は健康診断で並んでいて、体操着に着替えていなかったのを「お前なんだその恰好は！」とか何とか言われて、何で俺のことわかっていないんだと急にカーッとなった。皆がキャーキャー言って、その時にしょうがないんだとO君がかばってくれた（このことはあとで先生が教えてくれたのかも）。注意された時、急にカーッとなってしまう。今振り返るとレベルが幼稚になっていたと思います。自分が正しいと思ってしまっていました。

高校時代つらかったことは、部活に戻っても自分はランニングと筋トレだけでタックルできなかったりとか、学校への行き方、帰り方がわからなくなってしまって別のところに行ってしまったり、部活で外周を走りに行って一人で別のところに行ってしまったりしたことです。また、テストとかで皆とレベルが違って、ついていけないなあと。授業中はわかるけれど、テストになると（頭が）空白状態になってわからなかったというのがあります。

うれしかったことは、高校三年生の時に別のクラスの吹奏楽部の女の子が演奏会に誘ってくれて、その子といろいろ話ができたことかな。ほかに一年生からの友だちがずっと面倒見てくれて、三年生の時に違うクラスになったけど、今でも年賀状をくれたり、たまにメールをくれます。

高校を卒業してからは名古屋市総合リハビリテーションセンターの更生施設や職能訓練に通いました。総務課で実習したり、みかんやま作業所にも行ったり、県大に実習に行ったりして、今の会社に就職しました。作業所やリハセンに行く時にルート表をしっかり見ないとすぐ忘れてしまうので、見ながら行っていました。作業所では毎日のように仲間とＵＮＯをしたりして楽しいことがありました。腰が痛いという仲間にマッサージをしたり、Ｙさん、Ｄさん、……（みかんやま作業所で一緒だった仲間の名前が十数名）。名前を覚えているのは何度も会っているからかなあと思います。高校の同級生も三年間同じクラスだった子の名前は覚えています。

作業所に行ったことはこれが自分の運命なんだと思って、しょうがないと思っていました。高校時代赤点ばっかりだったので、大学に行くのは無理。ああこれは障害なんだ、脳障害なんだと思いました。作業所では指導員のHさんやFさんが決まりをつくって紙に書いてあったような気がします。作業時間内はおしゃべりしないとか、おしゃべりばかりして箸入れの手がおろそかになるので……。

その後、アトラスジャパンに就職しました。汚れたおしぼりの選別作業をしています。元はユーテックだったけど社長が変わって名前が変わりました。会社でも最初は主治医のK先生からの言葉を貼っていたけど、今は貼っていません。会社の中でキレることはないと思う……おそらく。今は自分のロッカーに小さい紙が貼ってあるだけです。

会社では（知的障害の）先輩とメールアドレスを交換したら、毎日のように晩飯何食べたとか、土日に遊ぼうとか言ってくるので嫌だった。今はそういうことはないです。その先輩たちが障害者スポーツセンターのクリスマス会などに誘ってくれたりしました。就職したら作業所とは違って給料が結構たくさんあったので、その額をみてああこんなにあるんだとうれしかったです。

（発展途上国の子どものための）ポリオワクチンの費用としてペットボトルのキャップを集めています。先輩に話したら先輩がいつもキャップを持ってきてくれる。ポリオワクチンのことは障害者スポーツセンターか生涯学習センターかどこかに書いてあったのを見て、これなら自分でもできるからやってみようと思いました。自分も朝と帰りにコーヒーを飲むのでそのキャップを集めています。

ボーイスカウトは一番上の団にいたけれどできないこともあるので、今は第128団という小さい子専用の団でリーダーをやっています。僕が子ども好きだと知っている人がいて勧めてくれました。行事国際委員で年間の行事を立てたりしています。ボーイスカウトは東京にいた小学生時代からやっていました。休みの日は本屋に行くか、家でゴロゴロか、チャリンコ散歩に行きます。

母に対して、二九歳になってもここに住まわせてもらっているし、苦労をかけているのでありがたいと思っています。父は以前酔って、早く孫を見たいなあと言っていました。マンションにいた頃は、壁に穴を開けたり、机を蹴とばしたりしていました。きっかけは覚えていません。日記を見ればわかると思うけど、父や母に何かを言われてカーッとなったような気がします。妹たちに対しては、自分が幼稚な感じになっていたので、カーッとなって手を出しちゃったりした。今では妹に助けられています。勉強ができなかったので教えてくれたり、夕飯を作ってくれたり、パソコンのことを教えてくれたり、忘れていることを思い出させてくれたりします。

名古屋市総合リハビリテーションセンターのスタッフでは、主治医のK先生に苦労をかけています。先生から言われたことを紙に書いて貼って、肝に銘じているつもりです。あとは職能開発課のI支援員。朝早く迎えに来てくれて会社に一緒に行ったり、バス停で待っていてくれたり、午前中会社で仕事を見ていてくれたりしました。

障害になって誰かを恨みたくなったことはありません。高校時代に、アメフト部のコーチに当たることもありませんでした。コーチはこわかったけど、高校二年生の夏合宿の時も一緒の部屋に泊まってくれたし、暴れたりした時も監視役みたいな存在でした。高校二年生の時の担任の現代国語のM先生は毎日のように日記をチェックしてくれました。M先生は卒業してからも漢字検定を受けさせてくれて、受験料を出したら、受験料は学校中の先生から集めているからと受け取らなかったんです。三級までとったけど、準二級が落ちて、作業所にも行くようになっていたので、そこで辞めました。メモでも日記でも今も漢字は使っています。

高次脳機能障害は大変な障害だと思います。何でこんな障害になったんだろうというのはありますが、障害者の世界に入って今まで知らなかったことを学べるようになったかなあとも思います。今後のことについては、家族とずっと一緒に暮らすのは無理なので、一人立ちして、仕事も変えていきたいです。事故で倒れる前は保育士になりたかったんです。免許が取れないので無理だけど、子どもとふれあえるような仕事があるといいなあと思います。高校三年生の時に家庭科の保育の授業を取ったんです。

同じような障害の人に、こういう障害をもっている人でもできることは絶対にあるはずだということ、自分一人じゃない、皆がいるということを伝えたいです。周りの人たちには、障害といってもいろいろな種類がある、われわれのような脳の障害もわかってもらえるとうれしいです。

（インタビュー＆構成：阿部順子）

みんなに支えられて

長谷川真奈美（母）

息子の日記は、現在一〇冊を超えました。高次脳機能障害者になって、新しいことや、つい先ほどのできごとも記憶できない息子が、記録することを記憶するようになってきました。最初は、私とやり取りをしながら大学ノートに一～二行書くのがやっとでした。それからは、手帳やメモに書いて最後に日記に書き写す、主治医の受診の前には一通り目を通す、その作業の繰り返しをしてきたからでしょうか。高校生の時に起こした数々の事件も、体験として記憶できない息子は、記録や繰り返し話す私たちの話から自分のこととして受け止められるになったようです。

高校に通う間、担任の先生はじめ同級生、アメフト部のコーチや部員の皆さんには本当に助けていただきました。倒れた年の担任のF先生（三年時も担任）は「また自転車で通学できるようにしましょう、自分がケッタで送り迎えしますから！」と毎朝夕自転車で来てくださり、のちに送り迎えは三人の同級生が引き継いでくれました。勝手にアメフト部のトレーニング（皆とは別メニュー）からいなくなった時に、いつも連絡をくれて一緒に探し回ってくれたマネージャーさんは「同じ部員ですから！」と言って、見つけた時には喜んでくれました。皆さんの協力なしでは高校生活は成り立ちませんでした。

　しかし、先生や同級生にけがを負わせてしまう事件をいくつも起こしました。最後に起こしたのは三年生の時、文化祭にクラス全員で披露する太鼓の練習中、級長が最後だからもっと真剣にやれと檄を飛ばしたその先に息子がいました。自分だけが注意されたと思い込み、手が出てしまいました。この事件のあとで、「何で長谷川君と一緒にいなくちゃいけないの！」と女子生徒が泣いて訴え、教室中が重苦しい雰囲気になったことがあったそうです。その時、中学校も一緒で同じアメフト部のS君が「長谷川はやりたくてやってるんじゃない！　障害なんだから仕方ないだろう」と言ってくれたと、先生からお聞きしました。その一言で、クラスメイトはそれ以上何も言わなかったと。でも、息子のリハビリと思って在籍させたことで同級生に多大な迷惑をかけてしまったことは、今でも本当に申し訳なかったと思っています。

　息子は、さまざまなできごとを日記に記録し、聞かれれば自分でも話せるようになりました。そこまでできるようになったのは、先生たちの支援があったからだと思います。二年生の時担任だったM先生は、息子の日記に息子の書いた何倍ものコメントを書いて、漢字の訂正も繰り返しご指導くださいました。「目標をもって取り組めば力もついて自信にもつながるでしょう」と漢字検定を受けるよう勧めてくださるなど、先生の熱心なご指導と本人のがんばりで、小学生レベルからのスタートでしたが、三年時には三級に合格しました。合格通知を一緒に見て、「やった〜！」と私の方が飛び上がって喜んだことを記憶しています。

一冊目の日記は、M先生が「先生との約束日記」とネーミングしてプレゼントしてくださったものです。表紙をめくると「手帳について」「日記について」と、どのように書くかを本人にわかりやすく記した紙が、次のページには教科担当の名前と二年D組のクラスメイト全員の名前が、どちらもきれいに貼ってあります。今開いて見ても、涙が出ます。

高校卒業後、脳外傷友の会みずほが運営するみかんやま作業所（現在のワークハウスみかんやま）に通うことが決まってからは、公共交通を使えるようにすることを訓練しました。手帳に地図と行き方を書き、それを見ながら訓練しました。しかし、乗り継ぎがわからず迷ったり、ユリカの残高不足を運転手さんに指摘されてキレそうになったりと、一人で通えるようになるまで私の見守り訓練（尾行）はしばらく続きました。仕方がないと頭でわかってはいても、できない息子を目の当たりにしてとても情けなく思っていました。自分ではできるつもりでいるのにできない、周囲から指摘されてムッとする。いつ瞬間湯沸かし器のようにキレてもおかしくない状態でしたので、ずっとハラハラしていました。通学時間帯に自分と同じような年齢の大学生と一緒になる時には、本当に気が気ではありませんでした。つとめて車両の端に立つよう促しながら訓練したのを覚えています。今では、状況判断もできるようになりました。

二〇歳になる年、名古屋市総合リハビリテーションセンターの更生施設で日常生活のレベルアップをはかりながら、パソコンの学習や作業訓練を行い、その半年後同じく名古屋リハの職能開発課で訓練を受けました。

みかんやま作業所、名古屋リハ更生施設、職能開発課、職場実習を提供してくださった愛知県立大学、どこも息子の障害特性をよく理解してご指導くださいました。おかげで少しずつですが訓練の効果が見られるようになりました。でも記憶に関しては、訓練を重ねてきた現在もできないことがたくさんあります。焼肉屋でたらふく食べた帰りの車中で「中華だっけ？」と言われてがっかりするようなことはさすがに減ったようにも思えますが、最近も阿部先生のインタビューを受けた数分後にそのことを忘れて「え？」という顔をしていました。ただ、手掛かりになることを言ってあげると思い出せることは増えました。不思議なことにテレビのＣＭや流行のお笑いや歌はすぐ覚えます。これは事故後ずっと……。

二〇〇七年一二月から、障害者雇用で貸しおしぼりの会社に勤めています。高次脳機能障害者の雇用は初めてということでしたが、ジョブコーチに入ってもらうことで会社はとても熱心に息子と向き合ってくれました。当時専務だったＧさんの話では、初めのうちはちょっとしたことでずいぶんキレて、仕事場の物に当たることもあったそうです。しかし、何か問題行動があるたびにＧさんは、「今日厳しく叱りました。でもこのあと、僕たちはどう対応するのがいいですか？」と電話をくださいました。一年くらい経った頃でしょうか、「今でも時々顔が変わるんだけどね、僕たちもコツをちょっとつかんだかなあ。お母さん、いつでも仕事を見に来てください」と言ってくださいました。この会社に勤めて今年（二〇一五年）で八年目になります。息子が信頼する方の存在が、仕事を続けられた理由の一つだと思っています。

家族も息子へのかかわりをずいぶん訓練してきました。思春期に兄が障害を負ったことで、当時かなりのストレスを溜めていた三つ下の長女は、ある時期から上手に息子に接するようになりました。身長にしたら三〇センチ近くも差のある兄に結構きつい言葉も言うのですが、くどくどと言う私とは違い、フォローしながら的確な言い方をして兄をコントロールしています。数年前に私が入院した時、家事を手伝わせるのに、「そんな言い方したら……」と主人がドキドキしたこともあったと言いますが、なぜか妹の言うことを素直に聞いて動いていたといいます。

現在は、ずいぶん落ち着いて生活することができるようになりました。ちょっとしたことでムッとすることはありますが、息子の置かれた環境が安定していることもあってずいぶんと自分を抑えることができるようになったと思います。今も、手帳のメモや家族からの言葉を頼りに毎日日記をつけています。「今日は、〇〇時に会社に着いて……」で始まる、何だか小学生のような文章ですが、これから先、楽しいエピソードが綴られていくことをちょっと期待しています。

残念だけどもう一度

長谷川潤（父）

私の息子は三年前の夏に高次脳機能障害者になりました。二〇〇一年に高校に入学した息子は、それまで運動らしい運動もしたことがなかったのに、何を思ったかアメリカンフットボール部に入部しました。私も妻も、すぐに音を上げやめたいと言い出すと思っていたのですが、あにはからんや毎日くたくたになって帰ってくるものの、熱心に続けていました。それどころか中学までは自宅で勉強することなどほとんどなかったのですが、高校入学後は部活で疲れきっていながら、ほぼ毎日机に向かっていました。直接息子から聞いたわけではないのですが、入学の前年私の父がなくなり、それが何かのきっかけとなったのか、その頃から少しずつ自分を変えようとしていた節がありました。アメリカンフットボールを始めたのも、最も激しいスポーツをすることで、今までの自分を変えようとしていたのではないかと思います。

しかしこの息子の前向きな姿勢が、残念なことに障害をもつことにつながってしまいました。夏季合宿で木曽福島に行っていた息子の様子を見に行ったのは、八月四日でした。合宿の疲れがピークらしく、よろよろした動きでしたが、父親としてはそれでも逃げ出さなくなった息子が少し誇らしい気分でした。けがをしたとの一報が妻の携帯に届いたのは、私たちが名古屋に戻ってすぐでした。当初は捻挫かそれとも骨折でもしたかな、アメフトならしょうがないことだな、と思っていましたが、木曽福島に向かう途中「脳挫傷」の疑いがあるとの連絡を受け、それからは生死の心配が頭から離れませんでした。

木曽福島に到着しお医者さんから聞いた話は、脳の表層部に出血が見られること、翌朝の検査時に出血が増えているようであれば、脳内部が損傷しており命の危険もあるというものでした。幸いなことに翌日の検査ではさらに出血している様子はなく、命に別状はないだろうということで安心しました。まだ意識は戻っていませんでしたが、この時は強度の脳震盪で、すぐに目が覚め、あとで笑い話になるだろうという程度の思いでした。事実、当日一度は目を開け、これで大丈夫だろうと思ったのですが、すぐにまた眠り続けるようになり、再度意識が戻るまで二〜三日かかりました。

意識が戻ってからも私たち親のことを認識できず、むしろ体の状態がよくなるにつれ、意味不明のことを言うようになりました。この頃の私たちは高次脳機能障害についての知識もなく、また入院した病院にも専門医がおらず、その後の退院までは肉体的なリハビリを主に行っていました。

約五週間の入院後、私の会社の同僚の紹介で、愛知医科大学病院に通院ができることになり、名古屋に戻ってきました。ここで私たちは初めて息子の脳の機能の一部が損傷しており、この部分については治ることはないと告げられました。初めは「この先生いったい何を言っているのだろう」というふうにしか受け止められませんでした。またこの時初めて「高次脳機能障害」という言葉も聞いたのですが、ほとんど理解できていなかったと思います。

それからは病院でのリハビリを行いながら、高校に戻ることになりました。お医者さんから高校生活を送ることが最もよいリハビリであると聞き、名古屋に戻って一週間後ぐらいから高校に通い始めました。が、極端に食欲をなくし、動きも表情もぼうっとした状態が続いたので、体を動かしたほうがよいと思い、プレーはできないもののアメフト部にも戻しました。早期に体調が戻ったのはこのおかげだと思います。

しかし復学直後は毎朝担任の先生に迎えに来てもらわなければなりませんでしたし、アメフト部の練習中に行方不明になり妻や先生が捜索したことがたびたびありました。さらにその半年後大事件を起こしてしまいました。アメフト部の練習中同学年の生徒が言った何気ない一言を、自分に対する非難だと思い込んだ息子が、彼を殴り鼻の骨を折る大けがを負わせてしまったのです。これは私にとって非常にショックなできごとでした。もともと息子は体の大きさに似合わずおとなしい性格で、中学まではその引っ込み思案な態度を私はよく叱りました。私も気の小さい人間で、特に中学頃までは亡くなった父から「やる気が感じられない」と怒られていました。その息子が人を殴ってけがを負わせた。息子は見た目もそうですが、性格もどうやら私の悪いところを受け継いだようです。しかも謝罪のために訪れた病院では何の反省もしていない。この時初めて、息子は障害によって以前の息子と違うようになってしまった、という事実に気づきました。

この事件がきっかけで名古屋市総合リハビリテーションセンターを紹介され、愛知医大からそちらに通うようになりました。これから約一年間、つまり高校二年の間が息子の行動障害、いわゆるカッとする状態が多い時期でした。私が知っているだけでももう一人同級生を殴って裂傷を負わせ、さらに先生二人にけがをさせています。また家の中でも妹たちに突っかかったり、壁を殴り穴を開ける、机を蹴るなどの行為がたびたび見られました。

この頃が受傷からの三年間で我が家の雰囲気が最も暗かった時期です。家族に対する攻撃的態度もさることながら、学校で、特に生徒の皆さんに迷惑をかけていることに悩みました。けがをさせた二人目の生徒の母親からは、この時の息子の状態でほかの生徒さんと一緒に学校生活を送らせていることに対し、抗議も受けました。

正直に言えば息子が障害者になった事故についての責任は高校にあると、今でも思っています。高校の公式活動の中で、しかも指導された行為中に起きたわけですから、高校、監督、コーチに監督責任があると思います。何度か法的手段も考えました。しかし法的手段は、結局金銭面の保障しか手に入れることができません。今もその頃も私たち親が望むのは、息子にとって最もよいリハビリ手段であって、金銭面の保障ではありませんでした。最もよいリハビリ方法が高校生活である以上、私たちは息子が高校生活を送ることへの協力を高校に求めました。

しかしこのことは私たちと高校の問題であって、その他の生徒さんやその親御さんには何の関係もないことです。先の母親が言うように、その時の息子の状態はほかの方々から見れば、教室や部活で同席してほしくない状態であったと思います。ひょっとしてこれは私たちの「エゴ」なのでは、と悩みました。しかし私たちとしてはそれでも息子に高校生活を送らせてほしい、とお願いせざるを得ませんでした。繰り返しますがそれがその頃の息子にとって、最も有効なリハビリだったからです。今でも同級生やアメフト部に同時期に在籍した方々には、申し訳ない気持ちでいっぱいです。

この春（二〇〇四年）、息子は高校を卒業しました。高校生活というリハビリ方法がなくなり困っていたのですが、幸いにも「みずほの会」の作業所に通うことができるようになり助かっています。息子も最近はかなり感情をコントロールできるようになり、キレる回数も、キレ方もましになってきたと思います。それでもいわゆる社会生活に適応するには、まだまだ時間がかかるのだろうと思います。

私は現在の勤め先に二九歳で転職しましたが、それまではあまりまっとうな社会人生活を送っていませんでした。息子の高校卒業時はこのあとどうしたらよいかと、多少焦りましたが、何のことはない、私自身のことを振り返れば、あと一〇年あるではないか、と最近は考えています。その間に社会で生きていく術を身につけさせたいと思っています。

息子が高次脳機能障害という障害をもったことは、本当に本当に残念でたまりません。しかし嘆いていても始まらないのが事実です。私たち夫婦は優という息子を一五年一〇ヶ月育てました。そして三年前の夏からもう一度優という息子を育て直しています。今度はどうも前回より育てるのに手間も時間もかかりそうですが、ひょっとしたら前回の経験でもっと良い子に育てることができるかもしれません。それを楽しみにしています。

（二〇〇四年脳外傷リハビリテーション講習会にて）

〈解説〉学校への適応を支援して

阿部順子（臨床心理士）

私は優君と出会った当時、名古屋市総合リハビリテーションセンター（以下、名古屋リハ）で臨床心理士として働いていた。名古屋リハでは、高次脳機能障害支援モデル事業として、施設に出向いてケース会議などを一緒にやってほしいという現場のニーズに応える形で「現場に出向いた支援」に取り組み始めたところだった。

優君は受傷後一ヶ月半ほどで高校に復学したものの、同級生を殴ってけがをさせるという事件を起こしたために、ご家族の希望で名古屋リハに転院してきた。主治医は学校に出向いた支援が必要だと判断し、オーダーが私のところに回ってきた。優君はアメフトをやっていただけあって大柄な上、身体的な障害もなかった。受傷前は学級委員長をやっていて、真面目で妹思いの青年だったと聞いた。普段は好青年そのものだが、馬鹿にされたと感じる言葉にふれた瞬間に顔色が変わり、語気や態度が荒々しく変貌する様子が出現し、「地雷を踏んだら怖い」と思わせた。また、同級生の鼻を折る一大事件を起こしたにもかかわらず、そのことについて質問すると曖昧な返事しか返ってこなかった。脳外傷後のキレる若者にはそれまでにもたくさん出会ってきたが、それなりに「キレてしまった」ことにしゅんとする様子があった。しかし彼は自分のしたことを覚えていないし、悪いことをしてしまったと申し訳なく思うそぶりもなく、これは手ごわいなあと思わされた。

彼のキレる場面が家庭内だけにとどまっていれば、家族に対する支援だけで済んだかもしれない。だが、問題が発生する場が学校内である以上は、日々彼の周りにいる教師や友人のサポートなくしては学校生活が成り立たなくなることは想像に難くない。とはいえ、福祉施設と異なる教育現場が、どれだけ障害を理解し、支援してくれるのかは未知数であった。私も学校に支援に入るのは初めての経験であり、教師にどのように受け入れてもらえるのか、教師がどのような反応をするのか、具体的な見通しをもてないまま、やってみるしかないとの思いで始めた。

結局、二年余学校とかかわることになった。窓口となった教頭先生とは何かあるたびに電話や直接お会いして話をしたし、支援会議や研修会を通して全教員とお会いしたと思う。教師の皆さんは私の話に耳を傾け真剣に受け止めてくれたのみならず、日々の支援の中でさまざまな工夫をしてくれた。さすが教師だと感心させられることが多々あった。ご家族も必要以上に落ち込むことはなく、父親として、母親として、妹として、それぞれがやるべきことを最大限、努力しておられた。名古屋リハも主治医が柱となってかかわるスタッフが一致して、彼を社会生活に適応できるようにするとの思いを共有していた。今思えば、よくもこれだけ三者の思いがかみあったものである。

のちにお聞きしたのだが、父親は彼が三〇歳までに自立できればよいと長い目で彼の成長を見守っていた。また学校側も家族が学校を訴えず、対立関係にならなかったことで、最大限できることはしようと考えていた。名古屋リハもそれまでに、受傷当初キレまくっていた脳外傷の若者が時間をかけてコントロールができるようになっていく姿を見ていたので、最初からきちんと支援すれば、何とかなるのではないかとの思いがあった。とはいえ、彼が学校で暴行事件を起こすたびに、学校から電話が入り、家族から相談を受け、本当にこれでうまくいくのか、この方法で間違っていないのかと先行きに不安を覚えたのも正直なところである。私が一人で抱えていたら間違いなくつぶれていたと思う。彼にかかわる人たちが皆で支えているということがどれだけ心強かったことか。

私は、彼が高校を卒業するとともに支援の担い手をバトンタッチした。それから今日までの一〇年は就労にかかわる支援者たちがつないでいる。ただ、主治医は今日まで一貫して彼と家族に進むべき道を示し、叱咤激励してきた。私は時々の支援者や家族から間接的にその様子や成長ぶりを耳にしてきたにすぎない。それでもなお、彼と彼の両親のことは忘れられない。受傷から八年経過した時点で事例を執筆するために彼にインタビューをした。その時に彼は「職場では自分のキレやすいことをわかってくれている。高校時代は担任の先生やコーチが助けてくれた。そのことは一生忘れない」と語った。専門家ではなく、日々彼と生活をともにする身近な人たちのかかわりが彼を助け成長をさせていったのだと思う。高次脳機能障害者の社会生活において、専門家は黒子としての役割を担うのかもしれないと思うこの頃である。

彼の神経心理学的症状としては、画像所見でＭＲＩは正常で、ＰＥＴで左前頭葉の機能低下が認められたのみである。また意識不明が二～三日しかなかったにもかかわらず、重篤な記憶障害と感情のコントロール低下が残った。知的には普通レベルに回復したものの、言語性ＩＱは動作性ＩＱに比べ四〇も低く、乖離が認められた。

記憶障害はリバーミード行動記憶検査でプロフィール点九点、スクリーニング点一点と遅延再生に著明な障害が認められた。これは、暴行事件の記憶もすぐ曖昧になってしまうような日常生活レベルの記憶障害を裏付ける結果であった。また、リバーミード行動記憶検査の得点がこのレベルである場合、通常、一般就労は無理と考えられている。しかし、彼はテレビから流れるＣＭやリズムのある歌はすぐ覚えてしまうし、何度も繰り返し聞いたことは覚えた。インタビューの時も一定期間かかわりのあった人の名前は実によく想起した。また、体で覚えるような手続き記憶も良好であった。このことは重度の記憶障害があっても、何度も繰り返したり、強く入力された情報は保存される可能性を示唆している。また歌やCMをよく覚えているのは脳外傷の若者では珍しくない。歌やCMは言語野のある左脳だけではなく、リズムなどに関係する右脳もともに活動するからだろうか。エピソードのように一回限りで時間とともに流れていってしまう記憶には重篤な障害があっても、メモを繰り返し参照することで自分の体験を記憶に定着させることができる、すなわちリハーサルが有効であることが彼の強みであったと思う。五年前にインタビューした時と比べると、今回のインタビューでは高校時代の暴行事件の記憶が曖昧になっていた。今のことは以前よりよく覚えているという母親の話からすると、昔の記憶が曖昧になるのは障害の有無にかかわらず誰しもの常かもしれない。

彼の感情のコントロール障害はどこに原因があったのだろうか。脳挫傷はまったくなかったので、軸索損傷に由来すると考えられる。記憶障害とあわせてみると、脳の奥の方の感情のアクセル機能を担う辺縁系（記憶を司る海馬と隣接しているところ）と抑制を司る前頭葉の間をつなぐ軸索がキレてしまったと考えると説明がつく。彼の父親は、彼の症状をさして、トランスミッター（変圧器）が故障したみたいだと言っていた。すなわち、だれでも気にさわることを言われるとムッとすることはあるが、それ以上の言動には及ばないのが普通である。彼の場合はその一瞬の感情の振れがそのまま暴走して出てくるようだと説明してくれた。

幼児は気に入らないことがあると泣き喚き、感情がストレートに表出される。ところが前頭葉機能の発達と相まって、感情を場面や相手によってどのように表出するかをコントロールできるようになる。彼が時間をかけてコントロールができるようになったのは、同じような発達の過程をたどったからだろうか。彼は振り返って、自分が幼稚になっていたと思うと語った。また、易怒性はあったが、悲しみや苦悩、うらみつらみなどのネガティブな感情は見られなかった。このことで彼は周囲からの支援を受けやすかったのかもしれない。

学校生活への適応を支援するために、学校に出向いたのは二回である。一回目は、本人・家族とクラス担任、教科担任、部活の顧問、コーチなど彼と直接関係する教員による支援会議である。二回目は彼が教員を殴るという事件があって、急きょ開催された研修会である。そこではまず、高次脳機能障害の特性と対応について説明し、その後学校での生活の様子をうかがい、教員からの質問に答えた。ある教員はこんなふうに対応したら彼の行動が変化したという経験を話してくれた。その対応が理にかなっていることを説明し、教員全体で共有してもらった。現場に出向くことで、専門家が一方的に教えるのではなく、すでに現場で取り組んでいる工夫を意味づけることができる。そのことで、現場の先生方のさらなる工夫や展開につながったと思う。一方、家庭科の調理実習で包丁を持たせても大丈夫かというような思いもかけない具体的な質問もあって面食らったが、それこそが日々一緒にいる人たちの不安や疑問でもあった。

学校側がしてくれた配慮として、一番目はキレさせないための対応である。先生方は彼を見ていて、イライラする様子が見られると、声をかけて注意をそらしたり、水を飲みに行くように促したり、疲れている様子が見えたら休ませるなどをした。修学旅行で海外に行った折には、バスツアーから外れて、一日ホテルで休息をとり、彼の友人と教師の三人でホテルの周辺を散歩したとのことであった。また、体育の時間でエキサイティングなゲームになると興奮してキレやすくなるので、彼が信頼している屈強な友人を身近に配して、優君シフトを敷いたとのことであった。

二番目は勉学上の対応である。授業内容が理解できないために集中できない科目では、彼用の特別なプリントを用意してくれた。また国語教師だった担任は、本人に学習の目標をもたせ、達成感が得られるようにと漢字検定に挑戦させた。本人に可能なレベルから一つずつレベルアップさせ、最終的に三級まで取得することができた。

三番目はトラブル対処である。彼はトラブルを起こしてもそのことを記憶にとどめておくのが難しいことから、記録に残すような支援をお願いした。すると担任は毎日帰りに学校であったことを日記に書かせる、トラブルがあった時は、落ち着くとすぐ、彼の記憶の残っているうちに、自分のしたことを思い出させて記録させるようにしてくれた。その日記が家族やリハスタッフとの情報共有のツールにもなった。事件を起こすたびに学校と親から連絡が入り、善後策を協議した。名古屋リハのスタッフは、他者を傷つけることは絶対に許さない、障害があるからといって仕方ないと許してしまうと社会生活に戻るのが難しくなる、と考えていた。したがって、事件の後処理をどのように体験させるかが課題であった。自分がしたことをきちんと反省し、自分の行動に責任を負い、社会人としてのルールを守るという意識を育むために、どのような教育的かかわりが有効か。そこで学校やご家族に、謝罪の場を意図的に設けてもらうことを提案した。学校側と親は、自宅で謝罪文を書かせ、校長先生や同級生の前で読んで謝るという形をとった。この時の経験は彼の記憶に刻まれることになった。主治医から「二〇歳を過ぎて暴行事件を起こしたらこれだぞ（両手がお縄になるというジェスチャー）」と言われていたことも彼には印象深かったようだ。高校を卒業後はキレて物に当たったことはあっても、他者に暴力をふるってけがをさせることはなくなった。現在ではムッとすることはあっても物に当たることもない。

彼は自分がキレやすくなっているということについて日記を繰り返して見返すことで確認していった。また、壁や机に穴が開いているのを見て、「やったなあ」と気づいたと言う。名古屋リハのスタッフは、自分がやったことを反省し、コントロールの意識を育むために、壊したものを親が直してしまうのはよくないと考えて、そのようにご家族に助言するのを常としてきた。彼も冷静になれば、そのことを認識できるレベルであったので、同様の対応をお願いした。また、自分で書いた記録を見て、自分の行動を振り返るのを習慣化したことも、障害認識の形成に役立った。

何よりも周囲のサポートは大きかった。教師のみならず同級生や職場の上司などが「キレるのが障害」なんだということを理解してくれていた。キレるのは彼の身勝手な行為ではなく、障害の後遺症として起きてきていることだとわかって対応してくれたことで、周囲から理不尽に責められることはなかった。担任は特に彼の友人たちに彼の障害を説明し、サポートを依頼していた。友人たちは彼が暴れそうになったらすぐに別室に連れて行ってクールダウンをはかるとともに、担任やコーチに連絡してくれた。また、文化祭の折の高校時代最後の暴行事件の際には、エキサイトした女子生徒たちの興奮を鎮静化するようなこともしてくれた。友人や教師の思いは彼にしっかり伝わって、自分が周囲に助けられていると感じることにつながった。もちろん、一緒に暮らすご家族の日々のサポートは欠かすことのできないものであった。変わってしまった兄の態度に傷ついたことが多々あったと思われる妹たちは、冷静に兄の行動を観察し、こうすればうまくいくと対処法を工夫していった。

最後に、ずっと見守り続けた主治医のサポートも特筆すべきものであったことを付け加えておきたい。彼は主治医と約束したことは守らなければいけないと肝に銘じていると話した。紙に書いてもらった約束事を、自室の壁に貼ったり、職場で作業台の前に貼って、絶えず目にしては自分の行動の戒めにしていた。スローガン作戦と名付けたこの対処法は、注意するとキレたり納得できずに感情的になってしまう場合に、信頼できる第三者と約束し、そのことを行動規範として内在化していくためのツールとして、経験から編み出されたものである。子どもでいえば親のしつけがスーパーエゴ（超自我）として内在化されていくことに類似しているだろう。

学校であれ、職場であれ、家族であれ、病院であれ、彼にかかわる支援者たちによる周囲のサポートは、言葉やノウハウの底に流れるあきらめずに彼を応援したいとの思いが、彼に意味あるものとして受け入れられたのだと思う。

第3話　どこまで行ったら健常？

受傷後の記録

年	齢	経過
一九九九	16	4高校二年生。交通事故による脳外傷、高知市内の病院に救急搬送。
		7退院し、通院リハビリとなる。
		9高校に復学するも九ヶ月後休学、その後退学。
二〇〇一	18	4盲学校高等部入学。
二〇〇四	21	4盲学校保健理療科入学、四年後卒業。
二〇一〇	27	3あんま・マッサージ・指圧師免許取得。
		4整形外科病院に就職、三年後退職。
二〇一四	31	4就労継続B型施設に通所。

自分を振り返る

片岡憲孝

事故の記憶はほとんどありませんが、事故の場所に関してはうっすら覚えていて、お母（おかあ）に確認すると当たっていました。気がついたら病院。病院の記憶は一応あります。運ばれてから何ヶ月経っていたのかはわからないけど、最初の記憶はお婆（祖母）。お婆がお見舞いに来てくれていたのはわかりました。その時、なんでオレがここに居るのかも不思議でしたが、それ以上になんでお婆がここに居るのかが不思議でした。親父のことはなかなか思い出せませんでした（笑）。入院中は自分のけがの自覚はまったくなく、なぜ脳外科に居るのか、なぜ入院しているのか、なぜお母にカレーライスを頼んでいるのか、なぜリハビリをしなければならないのか、なぜ歩けないのか、なぜ歩く時に理学療法士さんに身体を支えてもらわなければならないのか、そういった疑問の記憶が断片的に残っています。

その頃の自分の身体に関しては不思議なことばかりでした。転びそうになった時になぜ右手が出ず左手が出るのか。動かそうとするとかしないとかという問題ではなく、そういう瞬間的な場面で、右利きのはずの自分の左手が出ることが理解できませんでした。もちろんその頃は右側の半盲に関する自覚もありません。見えているすべてが全部だと思っていました。

高校に復学した当時は、とにかくいろいろなことの意味がわかりませんでした。一番前の席でも黒板は見えにくいし、先生が黒板に文字を書いてそれを消すスピードが異常に速く感じるし、気分は悪いし、なぜか顔は真っ赤になるし、熱は出るし……、わからないことだらけでとりあえず保健室に行っていました。

右側の半盲を少し自覚し始めたのはこの時期です。クラス対抗ソフトボール大会みたいなのがあって、守備はさせてもらえなかったけど、バッティングはさせてもらいました。よく知っている友だちがピッチャーで自分は左打席。友だちがボールを投げるその時に、自分の首をセンターから右方向におもいっきり捻らないとボールどころかピッチャーをしている友だちすら見えないんです。サードの人しか見えていないんです。その時に初めて漠然と「あっ、いかんわ!」って思いました。その時期からちょっとずつちょっとずつ自分の障害っていうものを確認していくようになりました。朝、登校して、少し時間があったので友だちを迎えに行こうと思い、友だちの家の方向に歩いていく途中、なぜか自分の右手が走っている車と接触しているんです。結果、右手は折れていたんだけど、自分としてはまったく何も感じない。すごい音が聞こえて運転手さんは慌ててオレに駆け寄ってくるんだけど、自分としてはまったく自覚するものはなく大丈夫なんです。そんなできごとを通じて、右側の半盲や右半身の麻痺を自覚し始めました。

盲学校へ行く前に名古屋市総合リハビリテーションセンターへ行きました。その時先生に「高次脳機能障害ですね」と言われました。自分の中ではオレは普通やと思っていたので、「えっ？　オレってておかしいですか？　普通じゃないですか？」と必死で確認しました。その時に先生から「おかしいよ。普通ではないよ」と言われました。でも、記憶力が悪いことに関してはうすうす気がついていたので、その点では納得できました。初めて見るメモ、でも確かに自分の字で書いているメモ、なんていうことをずいぶん体験していましたからね。

そんなこともありながら、きちんと高次脳機能障害を自覚し始めたのは盲学校高等部時代だと思います。人に対して、「そんなこと言われてない！」「今はじめて聞いた！」「お前にそんなこと言われる筋合いはない！」などと怒っている自分がいて、状況としては相手に怒っているんだけど、それと同時に自分自身に怒っているという複雑な心境でした。いろいろなことを覚えておけない自分、ぼやっと気づきかけている自分の障害にイライラして、他人のせいにして八つ当たりをしているという……。でも高校と違って盲学校はクラスメイトが少なかったし、オレのペースにあわせて授業をしてくれるし、オレの意見も聞いてくれたし、助かった点は本当にいっぱいありました。顔が真っ赤になったり気分が悪くなったりするのは、自分自身に不満があったりする時に出る症状だということがわかってきました。そんな時に高校では保健室くらいしか行く所がなかったけど、盲学校では自分の気持ちが落ち着くまでいくらでも一人になって頭を冷やせる、解剖室という場所を用意してくれたので助かりました。そこには、なんでオレはこんなことをしたんだろう、なんで今こんな感情になっているんだろう、ということを、一人で振り返ることのできる時間がありました。オレがこうすればよかったんだっていう答えが見えてくる時間がありました。小っさいことなんだけど、自分の物に触れてほしくないと思っているのに、クラスメイトが勝手にオレの筆箱から鉛筆を取って、使い終わったら何も言わずに筆箱に戻すというできごとがあって、その時にまったく感情のコントロールができずキレてしまいました。そんな時、高校時代だとキレて終わりだったけど、盲学校時代にはそのできごとを振り返り、高ぶった感情を抑えようとする時間が解剖室にありました。次の学年に進級する頃には、キレることはなくなっていたけど、イライラすることはまだありました。でも、もう解剖室は卒業することができていて、トイレでの短時間で気持ちを落ち着かせることができるようになりました。

テストの問題を読んで、解答の四択を選んでいる時には、何を問われていたのかを忘れてしまう。そんな時期も長かったのであんま・マッサージ・指圧師の国家試験に受かったのはうれしかったです。就職して病院で働いている時は自分が高次脳機能障害だという自覚はあったので、できるだけ時間にゆとりをもって行動するようにしていました。毎朝早めに出勤して、着替えて、コーヒーを買って、物理療法室の機械をセッティングして、消毒液の量を確認して、ホットパックのバスタオルをたたんで……、時間をつくり自分ができることを探すように心がけていました。

患者さんへの施術の時は、患者さんの生活面を少しでも楽にしてあげるために、自分にできることは何かを考えていました。乗り越えられない課題がある時は同じ仕事をしている友だちに相談していました。そういった場をもてるようになり、いろいろな考え方を知る勉強になりました。自分の障害について理解してもらえず、決まって一人の職員ともめることもありました。自分が反省すべきこと、勉強になることも多々ありました。でも、自分が瞬時に反応することができない右の視野で患者さんが転倒しそうになったことに対して、不本意なレポートを要求されたできごとなどは今でも納得できていません。常に偉そうに接してくるその人を見て、オレが障害者だからその人は偉そうにしているのかな、とも思ったりしたけど、いずれにしてもその人は偉くないなと……、自分が弱いからもっと弱い者を探す可哀想な人なのかな、そんなふうに思うように心がけて自分の感情をいい方向に向ける努力をしました。

現在、自分で自覚している高次脳機能障害は、記憶障害、社会的行動障害、遂行機能障害、対人機能拙劣です。みんなで作業をしている時、今自分の目の前に用意されている作業としか向き合えていないことに気づき始めました。本当はみんなで作業をしているわけなので、作業全体を見て、すべての作業を早く終わらせるにはどうするべきか、その手順をどうするかなどを考えなければいけないのに、自分のことしか考えられない。手が空いたらほかの人を手伝ってあげればいいし、ほかの人が作業しやすいように準備をしてあげることも重要だし、そういうところに考えが及ばないのが遂行機能障害なんだなと思います。

プライベートでは、お酒を飲む、カラオケに行って好きな歌を歌う、彼女とデートする……、また一つ、また一つ、オレは新しい扉を開いています。でもそれをするためには、日々、この時間には起きて、体調の管理をして、そういう毎日の生活リズムをきちんとした上で新しい扉を開いていく。そしてその扉を閉じる時間も考えないといけない。そういったことの大切さを痛感しています。

こういうことをすると和を乱すとか、こういうことをすると相手が引くとか、ってことが健常の頃はわかっていました。でも今はやってみないとわからない。健常の頃の自分を羨ましくは思わなくなったけど、健常だった頃ならどうしていたかを考えるために、健常の頃の自分と今の自分を比べることはあります。「やってみろ!」という自分と「やめとけ! 我慢しろ!」という二人の自分が常にいて、結果やってみて失敗……という感じです（笑）。本当にダメな時に「グンっ!」とブレーキを踏んでくれるのは家族ですけどね。

そして、最近は少し考え方が変わってきました。人の幸せな話とかを聞きたくなってきました。昔は聞きたくなかったというわけではないですが、羨ましい感情になったりすることもあり、あまり関心がありませんでした。今は人の幸せな話を聞いていると、自分もこんなふうになりたいなぁ、そんなふうになるためには今どうしなければならないのかなぁ、など順序を立てて考えられるようになってきました。けれども最近の日常の中にも納得のいかないことはあります。例えば、お母から五〇〇〇円借りて、後日、お母に「次のお小遣いから一万円引いておくから五〇〇〇円は返さなくていいよ。」などと意味不明なことを言われると納得いきません。お金に関して以前はかなり執着していましたが、今は、ちょっと置いておくお金、友達と遊ぶ用のお金、自由に遣っていいお金、いざという時のお金という四種類のお財布を分けて遣うことができています。そういうふうにお金を分けておくと気持ちが落ち着きます。でも自由に遣うお金がすぐになくなってしまうので、いざという時のお金が減っていくというのが実情です。

克服しにくい障害というのは、やはり記憶障害だと思います。一つのことを覚えようと集中している時に同時に起きているほかのことを記憶することができません。いくつか覚えないといけないことがある時もすべてを記憶することができず部分的にしか記憶ができません。記憶障害にしても遂行機能障害にしても社会的行動障害にしても、この障害はクリアできそうだな、みたいなことはわかりません。それはどこまで行ったらクリアなのか、どこまで行かないとダメなのか、どこがゴールなのか、明確な基準がわからないからです。一〇個の目標があって、すべてクリアできたのであなたにこの障害はありません、健常です、と言われたいですね。

（インタビュー&構成：片岡保憲）

ともに歩く

片岡久美（母）

朝八時頃、職場に憲孝の交通事故の連絡が入りました。地元の病院で応急処置をしているので至急来てくださいという連絡でした。意識がないということを聞き、全身の血の気が引いていくのがわかりました。職場の上司が病院まで送ってくれました。地元の病院から市内の救急病院に搬送されるまでの救急車の中で、憲孝の片方の瞳孔は完全に開きました。もう片方も瞳孔が開きかかっているのを目の当たりにし、助からない……と思いました。憲孝の右足は痙攣し、同乗してくれていた看護師長さんと一緒に必死で抑え込みました。市内の救急病院に着き医師から、骨盤骨折、肺挫傷、脳挫傷、急性硬膜下血腫……、非常に危ない状態ですという説明を受けました。その時には当然、脳を損傷すればどんな障害が残るのかという知識は一切ありませんでした。次の日、頭蓋骨を開ける手術をした時の強烈な精神的ショックは今でも記憶しています。

人工呼吸器が外れ、ＩＣＵからＨＣＵに移り、少しずつ意識を取り戻し、身体を動かしたり、声を出したり、食べ物を口にできたりするようになることは大変うれしい回復でした。一方で、まだらな意識でわずかに状況把握ができつつある憲孝の、手足や胴を抑制しなければならないことは苦痛でした。「外してくれ！　外してくれ！」と言う憲孝。でも外せばオムツの中に手を入れ、便を触る。その事実も苦痛でした。タワシや歯ブラシで何度も何度も憲孝の爪を洗い、消毒しました。何とも言えない気持ちでした。

日が経つにつれ、不安定ながらも歩けるようになり、身の回りのことも少しずつできるようになりました。退院して高校に復帰しいろいろな刺激が入れば元通りに戻る……、幼くなった憲孝をこのままお世話すれば元通りに戻る……、そう思っていました。

高校に復学してすぐ、交通事故で右手を骨折しました。その事故がきっかけで喫煙が発覚し停学になりました。自宅では、タバコの不始末でボヤ騒ぎを起こしたこともありました。自分の思い通りにならない時には感情が爆発し、物に当たるようになりました。車のトランクを開けて荷物を出そうとする時に、頭の上からトランクを閉められそうになったこともあります。幼少期の記憶はありましたが、昨日のできごとは覚えていませんでした。その時期くらいから、何かがおかしい、回復が遅い、という心配が家族の会話の中で頻繁に出るようになりました。自分ができないことをすべて人のせいにして、結局、高校で問題を起こし、休学することになりました。

高次脳機能障害という言葉を知ったのは、新聞の記事を頼りに、名古屋市総合リハビリテーションセンターを受診した時でした。高次脳機能障害の詳細は理解できませんでしたが、そういう障害があり、これから憲孝とその障害に向き合わなければならないということは理解できました。するとなぜか、もう憲孝は事故前の状態に戻ることはないという事実を受け止め、ともに歩く覚悟を決めることができました。

二四時間、憲孝と一緒に過ごす日々が続き、心身の疲労が限界に達しようかという頃、再検査で憲孝に視野障害だけでなく視力障害もあることがわかり、盲学校への入学が決まりました。その頃の憲孝は、感情が爆発する頻度は減ってはいましたが、これはしていいか？　ダメか？　など、私にすべての行動の確認をしてくる状態でした。身体の大きい三歳児と生活しているような感覚でした。ところが本当に確認が必要なことに限って相談は一切なく、通販で高額な買い物をしてみたり、毎日のように友だちに食事を振る舞ったり、とにかく我慢ができない三歳児なんだけど、大人の社会手段ももった三歳児でした。とはいえ、自分の障害については少しずつ自覚してきている様子で、覚えられないであろうことはメモをしたり、私に電話をして伝えたりするような手段は獲得していました。今でも絶対に覚えておかなくてはいけない重要なことは、私にメールしてきます。感情のコントロールに関する障害も徐々によくなっていきました。何かの効果的なトレーニングがそうさせたわけではなく、年数のような気がします。子どもが成長していく時と同じような感じで、いろいろな人と接して、さまざまな感情を伴う経験を繰り返すことが一番効果的だったのではないかと思っています。

国家試験に合格し、盲学校の先生のお世話で就職が決まりました。三年間、何とか仕事を続けてくれましたが、対人トラブルがきっかけで退職となりました。職場の同僚とうまくいかない時があることは、そのたびに憲孝本人から聞いていました。憲孝は自分できちんと感情のコントロールをしていました。対人トラブルを予期し、きちんと家族にサインを出していました。もう少し早く、何らかの対応ができていたらと思います。私たちのミスでした。

今でも憲孝は金銭管理ができません。もちろん我慢することもでき始め、お金を散財する頻度は減ってきましたが、どうしても欲しいものを我慢することは難しく、分相応ではないものを買うようなことは今でもあります。また、毎日夕方になると、私が仕事中であることを知っているのに、必ず数回電話が鳴ります。晩御飯の確認やお小遣いの話……、大した内容ではありません。自分にかかわりをもってほしいというサインなのかなとは感じていますが、私はいつまでも憲孝のそばに居てあげることはできません。ある程度のことは自分一人で考えて判断できるようになってほしい。小さいようで大きな望みです。

（インタビュー＆構成：片岡保憲）

壊れたキングコング

片岡治貞（父）

憲孝は幼い頃からよくけがをしていました。交通事故の知らせを受けた時、これはいつもと様子が違うな、ということはわかりました。そして、その思いを打ち消そうとしている自分にも気づいていました。市内の病院に向かう途中、事故の対応をしてくれた消防職員のいる消防署に立ち寄り、話を聞きました。意識レベルなどの専門的な話は難しく、まったく頭に入ってきませんでした。というより、うわの空できちんと話が聞けていなかったのかもしれません。まだ、たいしたことではないと思い込もうとする自分がいました。市内の病院に到着し、憲孝の状況や先に着いていた家族の様子を確認した時、憲孝は死ぬんだな……と思いました。

助かるかもしれない！　と思ったのは、手術も低体温療法も終わり、ＩＣＵで療養をしている時に、憲孝がグー・チョキ・パーをしてくれた時です。その次の日には、苦虫を潰したような笑顔を確認しました。体格はキングコング。徐々に意識が戻ってくると、点滴を引きちぎったり、ベッド柵を外して投げたり……。拘束帯がちぎれそうになり、病院が新しい拘束帯を用意してくれました。仕方のないことだとわかっていましたが、毎晩、息子を拘束するのはつらいものでした。でもその頃は、三日前と比べてとか、五日前と比べてとかではなく、毎日毎日、どんどんよくなっていくのがわかったので、そのつらさも我慢できました。看護師さんには随分迷惑をかけていましたが、その回復ぶりを見て、とてもうれしく思っていました。憲孝の友人たちが、励ましの声をカセットテープに吹き込んで届けてくれました。大変ありがたく、心強かったのを覚えています。大事故で脳も損傷しているんだから、多少意識が朦朧としているのは当たり前、これだけ回復していれば元通りに戻る、その頃はそんな気持ちでした。

家に帰り生活をするのが一番のリハビリになるとのことで三ヶ月後退院しました。右半身麻痺の治療は、近くの病院に通院してリハビリを行いました。高校に復学しましたが、初めは原因不明の発熱などを理由に、一時間も学校に居ることができませんでした。徐々に学校に居ることができる時間は延びたのですが、少しずつ身体の動きがよくなってくると、頻繁に右手右足をけがしたり、走行中の車のドアを開けて降りようとしたり、家出をして近所を徘徊したりと、理解に苦しむ行動が見られるようになりました。いつものように憲孝が家出をし、ようやく近所の車庫の隅に発見した時、しゃがみ込む憲孝の口から、「死んだほうがまし……」という言葉を聞きました。胸が痛みながらも、ありきたりな言葉で励ますことしかできませんでした。

何かおかしい……、何かがおかしい……、と思い始めた矢先、高校を休学することになりました。女生徒に一方的に交際を迫り、その女生徒が学校に来ることができなくなってしまったことが原因です。女生徒の親とは親交があり、事情は理解してもらっていましたが、学校側と話し合い、休学することを決めました。想定外でした。憲孝の言動や行動が、まったく理解できなくなっていました。

名古屋市総合リハビリテーションセンターを受診した際、初めて「高次脳機能障害」という言葉を耳にしました。憲孝の障害はこれだと納得しました。先生からは療育手帳の取得と視力検査を勧められ、紹介状もいただきましたが、高知県では手帳の対象にはなりませんでした。

視力検査の後、憲孝は盲学校へ入学することになりました。担任の先生や養護の先生は名古屋に出張して医師や心理士から説明を受け、高次脳機能障害の理解に努めてくれました。学校の授業では徐々に集中できる時間も増えてきましたが、家庭では、家の壁に穴を開けたり、姉の髪をつかんで引きずったりと、やりたい放題のキングコングでした。でも不思議なことに、自分にとって都合の悪いできごとは、決まって次の日に忘れていました。日記、パズル、クロスワード、障害の回復によいと聞いた課題には積極的に取り組みました。グランドソフトボールも始め、体力は徐々に回復しました。チームメイトとかかわるうちに、感情の抑制面でも改善が認められました。

盲学校卒業後、聴講生として引き続き盲学校に通わせてもらいながら、三度目の挑戦であんま・マッサージ・指圧師の国家試験に合格してくれました。その後、病院に就職し、一人の職員との人間関係に苦労しながらも、三年間、仕事をしてくれました。よく頑張ったと思っています。憲孝が仕事をするためには、周囲の方々の理解が必要だということをあらためて認識しました。この就職で大きな収穫を得ることができました。

今現在でも、憲孝と向き合う日々は続いています。一人で電車を利用して出かけることもできるようになりました。友だちと居酒屋でお酒も飲めます。人さまと、そこそこのコミュニケーションも取れるようになりました。もう暴れることはありません。でも、どこか幼稚です。憲孝の高次脳機能障害の根本には、知的機能の問題があるような気がしています。本来なら、幼少期からの発達過程の中で、ゆっくりと時間をかけて積み上げる経験。その経験に、部分的な欠落があったり、急ぎ足で学習しすぎた経験が複雑に混在している気がしています。漠然としか表現できないけれど、何かが抜け落ちている三二歳。何かが過剰な三二歳。キングコングの戦いは続きます。

(インタビュー&構成:片岡保憲)

すべての人に感謝

片岡文恵(祖母)

事故から三〇日が経った頃、憲孝に会いに行きました。ベッドに横たわる憲孝の顔はパンパンに腫れて、目は真っ赤で、事故前の憲孝に似ている所はありませんでした。丈夫な体格ですし、その時は障害が残ることなど考えてもいませんでした。退院して家に帰って来た時、立つことや歩くことといった簡単な動作もままならない様子を見て、これは大変なことになったと思いました。人並みではなくなった憲孝のことを思うあまり、家族間で言い合いになることもありました。家族全員ストレスが溜まり、何一つ思い通りにいかないもどかしさがありました。盲学校を出て国家試験に受かった時は本当にうれしくて、「脳をけがして国家試験に受かるのだから、孫の中で憲孝が一番賢い！」と褒めました。今現在、憲孝は人ときちんと会話をすることができるまで回復してくれています。それだけでありがたいと思っています。でもいまだに、あの事故がなかったら……、事故の前の状態に戻ってほしい……、とも思ってしまいます。

事故から今日まで、憲孝は大変よく頑張りました。もって生まれた明るさ、優しさを失っていないことが、頑張った何よりの証拠です。死なずにここに居てくれる憲孝に感謝をしています。私たち家族が生きているうちは、誠心誠意見守っていくしかない、そう心に誓い憲孝にかかわってきました。憲孝にかかわってくださる先生方や友だち、地域の皆様方が、いつも憲孝を気にかけてくださり、気遣ってくださり、どれだけありがたく思っているかわかりません。感謝の気持ちでいっぱいです。

げに、まっこと、ありがとう。

（インタビュー＆構成：片岡保憲）

〈解説〉言葉に耳を傾ける

片岡保憲（理学療法士・兄）

弟の憲孝が事故に遭った時、私は理学療法士の養成校に在学していた。まもなく臨床実習に出ようという時期であった。前の学年では授業についていけず留年をしていたし、臨床実習は厳しいと聞いていたので、正直、本当に理学療法士という仕事を、自分の生涯の生業としていけるのか悩んでいた。憲孝が事故で脳を損傷したとわかった時、生まれて初めて真剣に、医学書や関連文献を紐解いた。生まれて初めて真剣に、難しすぎる活字と向き合った。何としてでも理学療法士になって、憲孝の役に立ちたい。心から思った。

理学療法士になってからも、薄っぺらく浅い知識を憲孝の元に持参し、手や足に触れてみたり、動作の練習を指導したり、クロスワードや漢字・計算ドリルなどを一緒に解いたりした。障害をどう治すか、障害をもった今の状態でどう生活させるか、頭の中はその二点でいっぱいだった。憲孝は少しずつ回復していたが、私がしたことによる効果でないことはわかっていた。眼前に生々しく突きつけられる憲孝の病態は、どの病態も難解で、理解して咀嚼するには遠く及ばないものだった。

本人も述べているように、憲孝の特筆すべき病態は、記憶障害、社会的行動障害、遂行機能障害、対人機能拙劣であった。受傷時の画像所見では、CTにおいて、両側前頭葉、左側頭葉および左後頭葉に脳挫傷が認められた。事故から約一年四ヶ月経過した時点での知能検査（WAIS-R）の結果は、VIQ九二、PIQ七二、FIQ八二と動作性に低下があった。

高校に復学した時期の憲孝は、幼少期の記憶は存在したが、昨日のできごとは記憶できていない状態であった。つまり、何らかのできごとを新しく記憶することに障害を示していた。これを前向性健忘という。それとは反対に、受傷から数年前の古い記憶が思い出せない状態を逆向性健忘という。前向性健忘は記憶の貯蔵に関する障害と考えられ、逆向性健忘は記憶の再生に関する障害ではないかと考えられている。事故から約一年四ヶ月時点では、エピソード記憶に関しての問題は見られなかったが、語想起の低下、長文読解の低下、意味記憶の障害が認められていた。

憲孝は高校復学から盲学校時代にかけて、感情のコントロールができず、キレる状況が認められた。この情緒や行動の障害は前頭連合野の損傷で多く認められる。さらに、憲孝において特徴的だったのは、キレたできごとや、問題を起こしたできごと、つまりは憲孝にとって不利益なできごとを、一晩寝て、なかったことに（忘れることが）できるという点であった。理解に苦しむ症状であるが、憲孝の場合、感情と記憶の整理段階で、逃避に近い何かしらの生体反応が働いていたのかもしれない。憲孝の場合、こういった障害に対して、盲学校の解剖室という空間を使用して自分と向き合うことで、症状を改善していったこともあらためて付け加えておきたい。

また、現在も認められる金銭面への固執も解釈の難しい症状である。前頭葉を損傷した場合、ある一つの行動目的を自分の思考の中に維持させ続けるのが困難なことはよく知られている。しかし憲孝は、金銭面に関して執拗なまでに固執する。お金がないと落ち着かない。「お金を手元に置いておきたい」という思考は自分の中に過剰に保持し続けているのに、一方で「お金を散財してはいけない」という思考は保持させ続けることができない。まさに思考と欲求と行動のバランスが欠落した前頭葉症状といえる。

遂行機能とは、ある目標を立て、その目標に向かって手順や計画を考え、それを効率よく実行し、実行した状況を振り返る機能である。憲孝は現在、作業を通じてこの障害を自覚し、自分をモニタリングしている段階といえる。何かの行為を改善しようとする際、問題を自覚することから始まる。憲孝は今、遂行機能障害克服に向けての出発地点に立脚している。

憲孝が高校を休学することになったできごとや、職場を退職したできごとの背景には、相手の立場に立って物事を考える能力の乏しさや、相手の感情を理解する能力の乏しさがあったのかもしれない。他者行動の意図を理解する際、参照基準は、自己の行動や感情の経験である。他者理解能力を身につけるために、憲孝にはこれからも、多くの他者とかかわることのできる場が必要である。

こういった難解な病態を目の当たりにしながら一六年。なぜ脳損傷後の高次脳機能障害が難解なのか、今になってぼんやりながら考えられるようになってきた。

例えば脳損傷後の身体の運動麻痺を考えた時、回復の対象は行為である。何かの行為ができない場合、関節の可動域が悪いのか、筋力か、感覚機能か、平衡機能か、運動の協調性の問題かなどと思考をめぐらすだろう。そして、一つの問題因子を見つけ出し、それを治そうと試みるだろう。しかし、そうやって何かの部品が壊れたから取り換えようと機械論的に考えても、思うように行為の回復は得られない。というのも、行為は諸因子を単純に加算していくことで説明できる合成特性ではなく、諸因子間の複雑な相互作用で成立している創発特性だからである。行為は創発されるものだからである。

それと同様に高次脳機能障害も、創発特性として考えるべきだと感じている。今まさに目の前で起きている憲孝の行為のエラー。高次脳機能障害と称される行為のエラー。それらは、知覚、注意、記憶、判断、言語といった、人の認知過程に関する諸因子の変容により創発されているのではないか。だから、一部の病態に改善を見ても、まだ何かがおかしい、何かが違う、と違和感を覚えてしまうのではないか。そう感じている。行為の遂行にエラーが生じる状態に対して、他者との共通理解が得られるような行為を創発するための準備性（レディネス）を構築しようとする視点が重要であると考えている。

最後に、今回もまた憲孝に教えられた。どこまで行ったら健常なのか、どこまで行かないとダメなのか、どこがゴールなのか、明確な基準がわからない。もっともなことだ。理学療法士としても兄としても、憲孝と同じように新しい扉を開き、その疑問に解答できるようにならなくてはならない。新しい一歩を踏み出し続けなければならない。そう思った。そして、このインタビューを通じて、あらためて「生きた言葉」の重要性を痛感した。外部から観察して得られた情報だけでは、彼らの病態は説明できないこと。彼らが感じていることを分析しようとする際、その分析対象は主観であること。

彼らのきわめて個性的な障害が、生きた体験世界の上に構築されるものであるならば、彼らの主観をなおざりにすることはできない。彼らの「生きた言葉」に耳を傾ける重要性を再認識した。

第4話　休まずに会社に行くことが大事と自分に言い聞かせて

受傷後の記録

年	齢	経過
一九九八	18	11交通事故による脳外傷（バイクで大型トラックに衝突した）。救急病院にて救命。
一九九九	19	2リハビリ病院に転院。埼玉県総合リハビリテーションセンター障害者施設で生活と職能の訓練。
二〇〇〇	20	4配置転換して復職。
二〇〇一	21	5受傷前の二交代勤務の部署に異動後、被害妄想的な言動が出現、同センター神経科にて投薬治療開始。 10日勤のみの緩やかな職場に異動。
二〇〇二	22	7本人から「仕事を辞めたい」と訴えがあり、会社を休みがちになる。職場の竹内氏が間にはいり、職場調整開始。
二〇〇六	26	4通勤に便利な駅近くのマンションに転居。
二〇〇八	28	6腰痛のため休職、その後椎間板ヘルニアの手術。
二〇一二	32	9「神経疲労」にて三週間病休。その後も体調不良の訴えはあるが、仕事を継続して現在に至る。

買い物を楽しみに仕事をがんばる

村澤亮二

高校時代は野球をやっていて、事故後リハビリでソフトボールをやったが、外野フライも捕れなくなっていました。自分は、元々高校三年生から投手をやっていて、会社にも野球の腕前を多少期待されて入りました。

一九九八年一一月に、母から借りた原付バイクで寮から歯医者へ行くその時、住宅街で大型トラックとぶつかり、意識が二ヶ月半もなく、生死をさまよいました。意識が戻った時は、自分はまだ中学生と言っていたそうで、まったく話が通じず、その上意識がない時は気管切開していたから、声も出ませんでした。

自分はまだ中学生だと言い、全員が友だち感覚で、お見舞いに来てくれた先輩や同期たちも昔からの友だちと間違えていました。退院後のカラオケでは、自分が昔得意だった歌を覚えていて歌ったが、何回歌っても最低点数ばかりで、あきらめず何回も歌ったが変わりませんでした。

事故から一年余の二〇〇〇年が成人式で、復職はそれに間に合ったものの、皆は仲良く楽しそうにしているのに、自分だけ一年間以上会社を離れていて、誰も相手にしてくれませんでした。悲しかった。元に戻れると思ったが、戻れませんでした。

最近はよくなったが、昔はちょっとしたことをすぐ忘れていました。そんなことで、リハビリセンターのEさんから言われて持ち始めたノートも、今では五三冊目になりました。最初は誰も読めない字ばかり書いていましたが、少しずつ手の痙攣も取れてきて、少しは読める字が書けるようになってきました。

事故して、親戚一同には交代で来てもらい、迷惑をかけました。まったく申し訳なく思います。

仕事に戻ってからは、今でも朝はこんな仕事辞めたいと思うが、昼を超えれば平気だと思い頑張っています。会社でも自分の同期たちも大体が偉くなってきているが、偉くなれば社員たちの管理をしなくてはならないから、自分にはできないと、自らに言い聞かせています。

自分は一体いくら貯めているか、計算するのが楽しみです。通帳や貯金箱を出して数えるのが楽しみで、毎週、毎月、頑張っているからこんなに貯められると思っています。ボーナスや給料が楽しみです。

でも今も時々、仕事していると嫌になることがあります。その時は親戚のおばちゃんやお世話になりっぱなしの竹内さんにメールして気持ちを落ち着かせています。親にもメールします。それでも落ち着かない時は、自分が書いてきたノートを眺めたり、書いたりして今日はこんなことがあったと記録しておきます。さらにそれでも落ち着かない時は、自分が太らない程度に何かを食べるかコーヒーを沸かして飲みます。会社で頭痛が襲ってきたら、リハビリセンターや萩整形からもらったロキソニンやら薬で落ち着かせています。

今でも少し忘れっぽくてノートは欠かせません。ノートも五三冊目に入っています。AさんやMさん、Eさんに言われた通りに、ノートは自分の頭脳だと思い、一生懸命書いて忘れた字を思い出しています。

お金を貯めてから使うのだからいいとしても、何でも衝動買いしてしまいます。前からも少しはあったのですが、買い物をしていると、これは持っていたとかがわからなくなります。いざ買ってから、これは持っていたということがないようにするために、毎回クローゼットの中を下見しておくようになりました。今は同じ物を買うことは繰り返さなくなってきましたが、そのことは今でも気をつけています。親からも注意されています。

会社に行っても何か起こすとメールをしたり電話して、お母ちゃんやお父ちゃんや兄を困らせています。最近では、朝も会社のバスで行くようになりましたが、ついこの間まではお父ちゃんに会社まで送ってもらい、帰りは迎えに来てもらっていました。

会社も辞めたいが、辞めたら自分の人生が終わると思います。今も毎日、同じことを繰り返しています。今日も体の調子が悪くて、会社を早退してきました。なぜ調子が悪くなるかが、今もわかりません。それがわかればなるべく対処したいのですが、わかりません。

今は友とも離れて、毎日の生活で大事な料理や洗濯や掃除も、少しずつだが自分でできるようになってきています。親が仕事に行っていて、土曜日はほぼ一人ですが、帰ってくるまでに料理するようになりました。休み中は、一人一回だが大勢にメールします。料理を始めて何ヶ月か経つが、少しずつ自信をつけてきたので、親戚一同を誘って自分の腕前を見せたいです。

今も仕事をしているから何回も貯金ができます。貯金箱で挑戦し、買い物の楽しみがあるから頑張って働けます。もう定年しているが、会社でお世話になったHさんには、冗談でお金のポーズを取られていました。今現在仕事をしているから、貯金もできて通帳にも貯められているんだから、とりあえず休まず会社へ行くことが大事と自分に言い聞かせています。

このゴールデンウィークも、買い物好きの皆を誘って買い物に行く予定です。それが今の楽しみです。

皆さんに支えられて一七年

村澤孝子（母）

息子は一九九八年にオートバイで事故をし、二ヶ月意識がありませんでした。意識が戻った時は、座ることも話すこともできませんでした。四ヶ月くらいで歩行サークルになんとかつかまって歩けるようになり、三ヶ所目の転院先である埼玉県総合リハビリテーションセンターに移りました。

一九九八年四月に野球推薦で就職し、一一月に事故です。会社の寮に入居し、仕事に野球に遊びにと、息子にとって人生で一番楽しい時でした。事故前の状態に戻れると信じ、息子もリハビリを頑張ってきました。

復職をめざすにあたり、会社の上司の竹内さんにリハビリセンターまで来ていただき、先生と話し合って会社に一日仕事に行くことにしました。その時何とか会社からオッケーが出ました。リハビリセンターでは、会社の仕事内容を見て、一日立って仕事ができるように同じような作業をつくって訓練していただきました。おかげで退所した翌日から会社に復職することができました。

当時は私たちも高次脳機能障害ということの大変さについてとても考えられませんでした。きっとよくなると思い二〇〇〇年四月から復職しました。事故前は二交代の勤務でしたが、とりあえず日勤での仕事再開にしてもらいました。指導員の方に連絡帳を作っていただき、会社の上司の方の受け入れもあって、連絡を取り合いながらの復職でした。

復職から一年経った頃、二交代勤務の部署に戻りましたが、二ヶ月くらいで様子がおかしくなりました。妄想が出て、意味のわからないことを言うようになったのです。主治医の先崎先生に診ていただき、薬をもらうようになり、服薬は今も続いています。

復職してから、会社に高次脳機能障害を理解してもらえるように、何度かリハビリセンターの職員が職場訪問して話し合う機会を竹内さんにつくっていただきました。それでも上司が三年くらいで変わるのでそのたびに心配です。竹内さんが私たちにとっても心の支えになってくれたから今までやってこられたと感謝する毎日です。しかし、仕事のほうは頭が痛い、腰が痛い、首が痛いと休むことが多いです。ひどい時はうつ状態になることもあり、誰かにメールしたりして皆様に迷惑をかけている状態です。

現在は将来を考えて、自分の洗濯は一週間ためて土曜日にしています。また食事の支度も始めたのですが、なかなか上手くいきません。二つの仕事は無理。一つになったらできるのかな？　洗濯も一回目はきちんと洗えても、二回目は干すのを忘れたり、料理は本を見て作りますが分量を間違ったり大変です。けれども少しずつチャレンジしています。

体を動かすことが好きでしたが、体のバランスが悪く、野球をしようとしてもフライが取れず、一つ一つあきらめなくてはならないことはとてもつらいと思います。そんな中でも笑顔で頑張っています。まだまだ問題が山積みですが、前向きに頑張ってくれると思います。私たちはこれからも応援していきたいです。

縁で結ばれた交流

竹内洋一（職場の支援者）

村澤くんとの出会いは、今から一八年前でした。村澤くんは一七歳でした。高校三年生で野球部に所属し、日々朝早くから夜遅くまで甲子園をめざし野球に熱中していた高校球児で、とても礼儀正しく、真面目そうな好青年の印象が今でも心に強く残っています。

当時私は働いていた会社で人事課に所属し、傍ら野球部の監督でもありました。軟式野球部ではありましたが、チームは県内ではベスト五に入る実力を備えたチームでした。例年夏頃になると会社では新人社員の採用活動が本格的になり、私もその職を命じられておりましたので、一般採用活動とあわせて、野球部の補強にも力を注いでいました。そんなある日、村澤くんの高校の野球部監督より電話があり、当社に入社して野球をやりたいという選手がいるのでよろしくお願いしたいとの連絡がありました。翌日学校のグランドを訪問、村澤くんは監督とともに私を出迎えてくれました。やや緊張気味に直立不動で私によろしくお願いしますと挨拶してくれました。まるで昨日のことのようです。また、その後監督を引退し、総監督としての立場で部活を継続することになる私にとっては監督としての最後のスカウトでもありました。

翌年四月、村澤くんは当社に入社し、新人教育を受け職場に配属されました。組立係です。勤務形態も二交替勤務で早番、遅番の二シフト。これからは文武両道の精神で行こうと、仕事と野球の日々がスタートしました。会社の決まりで、新入社員は三ヶ月間全員で寮生活を送ることになっており、村澤くんも当然入寮し、寮生活を送ることになりました。寮が会社の近くにあり、通勤はとても楽だったようです。

部活も本格的になり、仕事が終わってからは練習、土日もほとんどが練習か試合の日々が続いていました。実家も近くにありましたが、寮が会社に近いこともあり、決まりの三ヶ月を過ぎてもそのまま寮生活を続けていました。

練習も試合もないある休日、彼は久し振りに実家に戻っていました。しばらくして忘れ物をしたことに気づき、バイクで忘れ物を寮に取りに帰るその途中、交通事故に遭遇、意識不明のまま救急車で病院に運ばれて入院しました。その日、私のあとを引き継いでいた監督から知らせを受け、急ぎ病院に直行しました。両親にもお会いしてお話をうかがったところ、意識不明の状態とのことでした。意識不明の状態は二ヶ月くらい続いたと記憶しています。

当時会社では、村澤くんの状態は職制（班長、課長、係長）を通じて人事に報告が上がり、詳細については不明とのことで職場復帰も危ぶまれるとの判断もあったように思います。しばらく病状経過を見守る状況が続いたある日、意識回復の知らせを受けました。当時は面会に行っても、ちょっと病室を離れるだけで私が見舞いに来たことを忘れてしまう状態でした。

家族も含めて皆、「まずベッドから起きてほしい」「車椅子に乗るようになってほしい」「歩行器で一人歩きができるようになってほしい」「自力で一人歩きができるようになってほしい」という希望をもっていました。そして病院の関係者、ご両親、本人の努力などによってその希望は一つ一つクリアしていきました。

いよいよ退院しリハビリ病院に転院して、発声練習をはじめいろいろなリハビリに取り組むことになったようです。その時点で私なりにちょっと心配になったことがありました。それは、好きな野球のプレーに復帰できるのかということです。握力の低下は著しく、とてもボールを握り投げられる状態ではなかったのです。そのため転院の時点で私は、野球部復帰は無理と判断しました。しかし、復帰に向けて頑張り続けている村澤くんの姿を見ると、その判断はとても伝えることができませんでした。今思えば、好きな野球ができるようになるんだという強い希望、夢が、リハビリの成果を助長したように思います。

治療、リハビリも順調に進み成果もあらわれ、職場復帰の話も出始めた頃、（会社も含めて）職場では普通の交通事故の後遺症があるくらいの感覚で職場復帰の話を進めていました。まだ高次脳機能障害について聞いたこともなく、まったく知らない状態でした。本人にもまだ高次脳機能障害の知識はなく、職場でも慣れれば大丈夫くらいにしか思っていませんでした。

会社では、長期療養者の復帰にあたっては仕事の内容、時間について一週間くらいは様子を見守る、体を慣れさせるために、当初は半日勤務でスタートしたと思います。しかし本人はどうしても一日でも早く事故前の職場で働きたいという強い希望をもっていたので、じきに元の職場に復帰ということになりました。その職場は小さな部品を組立てる組立ラインで、五人くらいでチームをつくっての流れ作業です。無理があるかもしれないと感じたものの本人の希望通りの仕事でスタートしましたが、予想通り、全然仕事にはなりませんでした。ここからが本人にとっても苦難の日々のスタートとなりました。

初めの頃は職場でも、交通事故の後遺症だから少し時間が経てば何とかなるだろうという程度で、ライン外で補佐的な仕事を受けもちました。時間経過とともに、職制から、この状態を長く続けることは無理との申し出があり、製造課内でほかの仕事（職場）探しが始まりました。意外とすんなり受け入れてくれる職場があり、その職場に移って順調なスタートを切り始めました。

ところがその後、今までになかった症状が出るようになりました。頭痛、腰痛など、再々社内の医務室に職場を抜けて相談に行くようになってきたのです。その頃、ご両親からだと思いますが、高次脳機能障害という後遺症であることを聞きました。ご両親から高次脳機能障害に関する資料をいただき、私自身もある程度どんな障害なのかを知ることができました。

当時私が学んだのは以下のようなことです。高次脳機能障害とは、脳に損傷を受けた結果、以前と同じ能力を発揮できなくなり人が変わったようになってしまうこと、必要なことを覚えられないこと、感情のコントロールができないこと、外見からは障害があると気づかないことなどなどです。

業務も比較的簡単にできる職場に異動しました。現在も働いている職場です。しかし、時間の経過とともにいろいろな問題が発生し始めました。頭痛、めまい、それに伴うほぼ毎日の医務室通い、そして早退欠勤。職場では、これ以上面倒見られない、班長自身の仕事ができない、危ない、仕事が遅い、不良品が多いといった言葉が聞かれました。時には班長ともめごとを起こすこともありました。

ついに職場の雰囲気も最悪となり、班長↓係長↓課長↓人事へと村澤くんの対応の話は人事まで届くようになりました。幸いにして、面倒見のよい会社との周囲からの評価もあるように、会社としても温かく対応を考え、半ば私に一任という形になりました。とはいえ、私は何をしたらよいのかわかりませんでしたが、専門的な知識を教えてもらって、それを関係者に伝え、理解してもらうことが必要だと直感したので、以下のような対応をとりました。

①リハビリセンターの主治医の診察に同行し、高次脳機能障害と、それへの対応について教えてもらった。その上で、会社関係者に協力（理解）してもらうための書類を作りました。

②リハビリセンターのケースワーカー、作業療法士に来社してもらい、本人の働いている職場を見て、直接関係者との意見交換をしてもらった。目的は、社外からも支援を受けている高次脳機能障害についての知識を深め、職場での受け入れ対応を考えることでした。

③職場、仲間の皆さん（班長、係長、課長）の理解を得、協力を要請しました。一人一人と面談して、障害の説明、理解、受け入れ協力にかなり時間を費やした。人事異動による、班長、係長などの交代という問題はありますが、面談は続行しています。仲間のサポート探しをねらいとしていたので、年配者にそのサポートを依頼しました。しかし、その方は定年退職で職場を離れました。同年代の若者からの理解を得ても、友だちづきあいは長続きしませんでした。とにかく私も定年を間近に控え、職場の一人でも多くの人に高次脳機能障害を知ってもらい、理解者を得ることに専念しました。職場の人たちの理解と支えが絶対必要と考えたからです。

そうこうするうちに私の定年退職の日が来、不安のまま引退しました。これからは直接職場にも行けず、班長など職制の人に会って話すことも難しい状態になってきたので、会社へのお願いや協力は人事、班長、管理職との相談に変わり、本人とのコミュニケーションもメール中心に変わりました。その頃から、班長に対して、高圧的な態度、言葉が出るようになりました。

本人からのメール（二〇一四年）の一例です。

・段々班長に怒りを覚えてきました。だけど、押さえますから俺は絶対平気なのです。
・今日は朝方怒りを覚えて来まして、所長さんまで訴えようかと思いましたが、岩槻には障害者の働く所は作れないんですかって言いに行こうかと思っています。
・だんだん死にたい願望が強くなってきちゃいました。もうお先真暗ですよ。
・会社は俺のことが邪魔になるので障害者として働くのは無理なのでは、俺みたいな者はすぐ首にしたくて仕方がないような気がします。
・辞めるって言いましたが、気持は変わりません。ですが亮二のことは忘れないで下さい。俺は次なる道を見つけるまで頑張ります。
・やっぱりいろいろなところが痛いです。どうすることもできませんよ。助けてください。

私からはメールで、頭痛の訴えに対しては「それはつらいですね！　今浦和にいるので会えませんが、余分なことを考えないで早退し休養したらどうでしょうか？」と返信しました。不満・悩みの訴えに対しては「亮二はよく俺は会社のお荷物とか、必要のない人間なのだと言いますが、周囲の人誰一人としてそう思っている人は会社にはいませんよ。会社を辞めたくなったらその時相談するから、それでも遅くないよ！　いろいろなことを考えない方が良いと思いますが……。」「邪魔者扱いにしている人って誰ですか？　感謝を持つことも大切だよ！」などと返信しました。食事などの招待に対しては「年末、一年間いろいろなことがありましたね！　それを乗り切りましたね！　お疲れ様でした。食事のお誘いサンキュー」と、また亮二の新年（二〇一五年）の抱負「明けましておめでとうございます。今年は自分は年男ですので、今年こそは何ごとにも頑張るんだって思いです。負けませんから。」に対しては、「以上が亮二の抱負ですね！　分かりました。私も亮二と同じに過ごします。お互いに家族を始め、感謝の気持を忘れずに頑張って行きましょう。」と返信しました。

メールのやりとりの一部を紹介しましたが、メールの返信時の言葉に苦労しています。一日七通くらいやりとりしています。これまでのやりとりで私が考えたことは、「頑張れ」ではなく「頑張って行こうか」、「そうしなさい」ではなく「そうしたらどうだろうか？」、「亮二が悪いんだよ」ではなく「自分も相手の立場を考えて見たらどうだろうかね」、「怒ってはだめだよ」ではなく「亮二のことを思ってのことかも知れないよ。冷静になれ」など、感情を刺激しないで問いかけるような言い方を心がけました。

これからのことを考えるとまだまだ問題が山積している感じがします。私がこれからやるべきこととして、会社への理解と協力のお願い、高次脳機能障害ってどんな障害かを多くの人に知ってもらうこと、本人の話し相手を探す（会社にも協力依頼）こと、夢・希望・目標などがもてないか、仕事の内容をどうするか、身分をどうするか（現在は正社員ですが、加齢とともに体力の低下等で継続してやれるか）などを考えています。

元気でいる限り、亮二とともに悩み、苦しみ、楽しんで過ごせればと切に願っています。最後に事故以来細かい配慮、支援、協力をいただいた多くの職場の皆さんに心から感謝したいと思います。

〈解説〉脳外傷後の精神症状とその対応

先崎章（精神科医）

村澤君は脳の局所損傷は目立たないものの意識障害の期間が長く、回復後に記憶力と注意力の低下、そして四肢の巧緻性の低下、動作のぎこちなさが持続している典型的なびまん性軸索損傷例である。受傷後一年半で復職。当初見られなかった幻覚妄想が、受傷後二年半時に明らかとなった。その時は休息をとり、比較的少量の抗精神病薬を服用することで精神症状は軽快し、休職二ヶ月のみで復職して一二年が経過する。これまで多くの困難があった。そして現在もなお進行形である。本人や家族の努力はもちろんのこと、竹内氏をはじめとする職場関係者の尽力、そしてリハビリセンター関連スタッフの専門家としての対応が続いている。それらのどれか一つでもなければ、職業人としての彼の今の姿はないと思われる。以下、受傷三年時二回目の復職までの時期でのできごとを中心に、医学的な視点から解説する。

なお、精神症状の具体的な記述など、プライバシーの観点から開示について疑問を感じる読者がいるかもしれない。しかし、これまでの本人や家族、そして関係者各位の努力と方策を伝えたい、そして同様な障害で悩んでいる方々に勇気をもってもらいたい、という本人と家族の意向のもとに客観的な事実として紹介していることを了解いただきたい。

神経心理学的症状として、受傷三ヶ月目には意識障害も回復していたが中等度の記憶力障害が確認できた。実施可能であった三宅式記銘力検査では、無関係対語が〇-〇-〇と三回繰り返しても一つも覚えられなかった。また、易疲労性が強く一般的な机上の検査を続けて行うことが困難であった。メモを取り見直すことが、かろうじて可能なまでに回復し、受傷六ヶ月で自宅に退院した。この時の脳MRIでは大脳全体の軽度萎縮と脳室（第Ⅲ脳室、第Ⅳ脳室）の軽度拡大が見られた。本人の症状を裏付けるものであった。その後、復職したいという本人、家族の強い希望があり、メモリーノートの定着化や作業耐久性の向上を目的として障害者支援施設（旧重度身体障害者更生援護施設）に入所し訓練を行った。幸いにも受傷一年半時には注意力、記憶力、知能とも机上の検査上は軽度域まで回復した（ただしこれらの神経心理学的検査は、疲労での中断を避けて何回にも分けて実施している）。メモリーノートの使用も習慣化していった。真面目に与えられた課題を遂行しようと努力した。

問題は、前頭葉機能障害由来のトップダウンコントロールの障害からか、易疲労性が非常に目立つことであった。具体的には、作業を遂行する際にすべての事柄に一〇〇％の労力を注がざるを得なくなるため、最初の五分程度はよいのだが、次第に頭が重くなり頭痛がしてきて一五分間程度しか作業が続かなかった。そこで復職にあたっては、スピードや確実性を要求されない、緩やかな部門への変更が不可欠であった。竹下氏ら関係者の努力で配置転換しての受け入れが可能となり、受傷一年半で復職に至った。復職が成功したことで、本人からは生産ラインのもとの職種に戻りたいという希望が出されることになった。申し出に乗るような形で受傷二年半時に元の職種に戻った。しかし無理が重なり、以下に述べる機序で幻覚妄想が出現することになった。

職場で流れ作業のスピードについていくためには、常に注意力を最大限に喚起し、緊張の持続が必要であった。そして職場で遅れた仕事を取り戻そうとして休息をとらず、焦燥がひどくなっていった。次第に、職場を離れても精神疲労、頭重感、頭痛、めまい（dizziness）、焦りと緊張が持続するに至った。やがて、街角に貼られているポスターやバスの中でのひそひそ話が、自分の仕事のできなさを揶揄していると感じられるようになっていった。乗り合わせたバスの中で乗客が「仕事ができないやつ」と噂し合っている、あるいは街のポスターや有線放送で仕事ができない自分を広報している（被害関係妄想）やサインを送ってくる（被影響体験）といった体験が出現し、不安焦燥、不眠がさらに増悪していった。

結局これらの幻覚妄想は比較的少量の抗精神病薬を内服することと、休職して自宅療養することによって一ヶ月程度で改善した。そして本人の強い希望もあり休職は二ヶ月間のみで再び時間プレッシャーのない単純作業部門に復職した。

幻覚は複数の人が対話している、あるいは被影響体験や妄想知覚をうかがわせる形式のものであった。すなわちシュナイダーの一級症状に該当する病理の重いもので、統合失調症の合併を疑われるものである。しかし、回復の速さ、精神症状軽快後に疲労状態が見られなかったこと、人格水準の低下がないこと、発症に環境が大きく左右していたことから統合失調症の合併というよりは、びまん性軸索損傷という脳の器質的変化に由来する妄想性障害と判断し、治療と支援の計画を立てた。

脳外傷者の数パーセントの例にこのような幻覚妄想が出現する。この理由として、脳内のネットワークが寸断され、扁桃体の誤った興奮活動が（外部からの正しい感覚情報にて修正されず）独り歩きしてしまうからと考えられる。すなわち（周囲が自分に悪意をもっている、陥れようとしているといった）誤った情報を、脳のネットワークの働きによって（本当は危害をもたらさない好意的で安心した人たちと）正しく修正することができない。いわば扁桃体の独り歩きによって、周囲の状況を自分の行動や生存を脅かすものとしてしか認識できなくなっていった。

脳外傷後に幻覚妄想が出現することが脳生理学的・生理学的理由からあり得ることを、本人と周囲に理解してもらった。結果的には、不可思議な言動を呈した本人を、各関係者が得体のしれないものとして遠ざけたり偏見をもったりすることなく支援していくことにつながった。

その後も紆余曲折はあったが、仕事を続けて現在に至る。この間、しばしば頭重感や頭痛や腰痛、頭の浮遊感といった身体症状が、特に本人の仕事が行き詰まった時に出現した。それは職場を早退あるいは欠席する理由となった。これらは、脳外傷に由来する症状であったり、実際に椎間板ヘルニアが見つかったりと、必ずしも気持ちの問題のみから生じているものではなかった。しかし、能力の容量を超えて無理をしすぎているといったSOSのサインである側面もあった。無理をさせすぎているので新しい工夫が必要であるとの支援者側の点検の機会になった。具体的には、リハセンターの作業療法士やコーディネーターが職場を訪問して作業の現場を確認したり、竹内氏がリハセンターに相談に来たりしながら、職場の関係者や本人、両親と対応について話し合いを重ねて調整していった。

我慢強く弱音を吐かない性格にあって、身体症状の出現が本人の唯一許された訴えの方法であった。無理が生じていないか？　休息が必要なのではないか？　あるいは焦らせすぎてはいないか？　新たな支援が必要なのではないか？　これらを感知し休息をとらせ仕切り直しをするために、休職や病休の制度をタイミングよく利用させることが必要であった。そのためには職場の理解と、職場の担当者も含む各関係者の情報と理解の共通化、対応の統一化が重要であった。本人の努力を評価し認める対応、周囲の粘り強い支援が必要であったし、今も同様である。

第5話 高次脳機能障害はないと思う

受傷後の記録

年	齢	経過
一九九七	20	7・14交通事故による脳外傷（自転車運転中）。鈴鹿中央総合病院に救急搬送され、意識不明が約三ヶ月続く。 12リハビリのため奈良県心身障害者リハビリテーションセンターへ転院。
一九九八	21	5ボバース記念病院に転院。 7山口クリニックの認知リハビリテーションを並行して週一回利用。 10奈良県心身障害者リハビリテーションセンターの自立訓練センターに入所し、五年半後に自宅に退所。
二〇〇六	29	6作業所「どんぐりの家」通所（週四回）。 7脳外傷友の会あすかの「高次脳機能障害を考える宙の会」で週一回認知リハ。
二〇一一	34	7イーハトーヴＳＯＲＡに通所、就労移行から就労継続Ｂへ。
二〇一五	38	ＳＯＲＡに週三回、どんぐりの家と宙の会に週一回通所。

制約されるのが嫌

大久保武

母：事故のあと、いつから記憶がある？
武：記憶は全然ない。
母：いくつか病院を転院したけど、入院中のことで覚えていることはない？
武：M先生（医師）の顔。
母：それは二番目に入院した病院でのことだね。その前の病院のことは覚えている？　鈴鹿の病院なんだけど。
武：覚えてない。……山の中（に建ってる病院）やった。
母：山の中ではなかったよ。サーキットの爆音が聞こえていたんだけど。
武：爆音だけ覚えてる！（車・バイクが好きで、事故前は自動車整備士をしていました）
母：車いすに乗っていて、歩けなかったことは覚えている？
武：覚えてない。
母：車いすに乗っていたことは覚えている？

武：覚えてる。病院で……。でも、空を飛んでる感じ。（記憶がぼんやりしている？　現実感がない？）

母：その時、どう思っていたか覚えてないよね？

武：うん……。

母：リハビリで、ウォーキングマシーンをガンガン叩いたのは覚えてる？

武：覚えてない。

母：立ったり、座ったり、じっと立ってないといけなかったのは？

武：起立台？　あれは嫌いやったな。起立台っていうのがとりあえず嫌で、そこで立たされてるのがすごい違和感があった。「なんでこんなんせなあかんねん！」と思ってた。

母：自分がきちんと立てていないってわかってなかったんだね、その時は。だから、どうして立たされているのかわからなくて嫌だったんだね。

武：そうそうそう。自分が立たされてて、「なんや、こんなけか？」って思ってた。

母：三番目の病院で、作業療法でキムチチャーハン作りたいって言ったのは覚えている？

武：覚えてる。

母：木工は？

武：覚えてる。

母：タイルモザイクは？

武：タイル、嫌いやった。

母：黒い杖を持って歩いていた頃、怒ってあちこち叩いて杖が変形したことは？
武：覚えてる（笑）。
母：二番目の病院、三番目の病院で脱走したのは？
武：覚えてない。
母：自立訓練センターで他の入所者さんとカラオケしに抜け出したのは？
武：覚えてないな。
母：自分が以前と違うなと思ったのはいつ？
武：作業していて、できることとできないことがある、というのは……。
母：それはいつのこと？
武：病院の入り口・出口……。
母：どこの病院でのことかな？
武：覚えてない……。
母：前と違うって感じた時にどう思った？
武：どうって……あんまりはっきりせえへんけど、憂うつの鬱っぽかった。「なんでこれできへんのかな？　こんなん誰でもするもんちゃうん？」って。
母：高次脳機能障害についてはいつ知った？　自分が高次脳機能障害だと思っている？
武：うん、思ってる。

母：どういう点で、高次脳機能障害だと思っている？
武：スタッフが陰でそう言ってたから……。自分では、はっきり言って高次脳機能障害はないと思う。
母：よく忘れてしまうよね。あれも高次脳機能障害の症状だよ？
武：あれは痴ほう症や。
母：ちょっとしたことですぐ怒ることについてはどう思う？
武：どうって言われてもな……。
母：こんなの簡単にできると思ったことができなかったことはある？
武：それはある！　多い！　キャンプ行ってナイフ使うにしても、ナイフがこんなに使えへんとは、って思った。
母：事故のあとはキャンプらしいキャンプに行ってないけど？
武：行ったよ、妙高とか。
母：それは事故の前だよ。今聞いているのは、けがしたあとのことだよ。車の運転とか、今はやってないでしょ？　それをどう思う？
武：やったほうがいいと思うけど……。
母：つらかったなぁと思うことは？
武：ない。
母：落ち込んだことは？

武：落ち込んだことは……若干あるけど……落ち込んだことはないよ、特には。
母：じゃあ楽しかったり、うれしかったことは？
武：特にないね。
母：周りの人とのかかわりで、傷ついたことや、助けられたと思うことは？
武：思い出せへんな。……けんかはあるよ。どんなことでっていうか……、犬猿の仲やね。
母：嫌いな人の話はよく聞くけど、好きな人はいる？
武：……。
母：今自分の状態についてどう思う？
武：常に今やと思って考えてるから。
母：はっきりいってどうしようもないと思っている？
武：想いはあるよ。鬱憤をはらしたい。
母：どんな鬱憤？
武：「それはだめだろう！」とか言われてるのが嫌い。スタッフとかに……。
母：今働いているイーハトーヴ（就労移行）でのこと？
武：うん。どんぐり（作業所）では言われない。
母：言われていることに納得できない？
武：納得できへんな！　あれしたい、これしたいっていうことに、「それはあかん、あれはあかん」

って、規制がかかってるのが嫌い。

武：うん。

母：でも仕事だから、やりたいことをやるっていうのではなくて、やらなきゃいけないことが決まってて、これをしてって言われることが多いんじゃない？　やりたくない仕事をさせられるのが嫌ってこと？

武：うん。

母：じゃあ武のやりたい仕事はその中に別にあるっていうこと？

武：……ないけど。

母：例えば、どんなことがしたいと思っているのにさせてもらえないの？

武：世界征服！

母：……（苦笑）。イーハトーヴは仕事をする場だから。お金をもらうわけだから、その分やらなきゃいけないことってていうのはあるよね。

母：今後についてはどうしたいと思っている？　今は、月・水・金と電車でイーハトーヴへ通って、火曜日はどんぐり、木曜日は宙の会。土日は脳外傷友の会の関係でいろいろ行くけど、武が決めているのではなくて、決められているから行くって感じだよね。

武：どっかでこの状態から脱したいとは思ってる。

母：どういうふうになったらいいなと思っている？

武：やってることに対して制約が多い。あれだめ、これだめって言われたくない。

母：将来的に、両親が武の面倒を見られなくなったらどうする？
武：どうしようもない……。どうしようかな……。……とりあえず制約が多い。
母：なるようになるさ、と思っているのかな。
武：うん。

（インタビュー：大久保康子）
（構成：大久保みのり）

なすべきことを考えながら

大久保康子（母）

「瞳孔は開きっぱなし」「脳が腫れている」「脳死ではないが植物状態」「この二～三日が山」との医師の説明や、「呼びかけてもさわっても反応がない」「痛みにもほとんど反応がない」「原因もわからず繰り返す発熱」、……息子の身体の状況が理解できなくても、ただごとではないことだけはわかりました。ちょうど、イギリスのダイアナ妃の交通事故の頃で、そのニュースを正視できずに、病院のベッドサイドのテレビを思わず消したことを覚えています。

病気といえば風邪くらいという健康な家族だったので、医学的な知識もなく、脳死と植物状態の区別もわからず、眠り続ける息子のベッドサイドでただ身体をさすり見守るだけでした。そして神様にも仏様にも半年前に交通事故で亡くなった私の父にも、「連れていかないで」「どうぞ息子の命を助けてください。この世にこの子のしなければならない仕事が残っているなら助けてください」と祈っていました。

意識状態は「グラスゴーコーマスケール三点相当」という、かなりひどい状態であったにもかかわらず、幸いにも息子は命長らえることができました。それどころか「一生意識は戻らないだろう。よしんば戻ったとしても失明は免れられない」と言われましたが、三ヶ月目には意識が戻り、視力はひどく落ち遠近がよくわからないにしても見えるようになりました。歩くのは無理かと思われましたが、リハビリによって杖を使うことなく歩けるようになりました。そしてその後もゆっくりと時間をかけて回復していきました。事故から一八年経つ今でもまだ「あ、こんなことができるようになった!」とか「ここは普通だね。」と思うことがあり、親バカなのでしょうが、そんなことの一つ一つが気持ちの張り合いになります。

その反面、異様な怒り方をするなど情けなくなることや、息子が思い描いていた人生はこんなはずではなかっただろうと深い悲しみを覚えることもあり、親としてどうしてやることもできず哀れに思う時もあります。そんな時は、ここまでよくなったのだからありがたいと思わなければと気持ちを切り替えたり、ため息をついてあきらめたりしています。

でもやはり息子の人生を考えるとかわいそうになります。障害をもつようになって、あきらめているのかそのことにあまり不満を感じていない、感じようとはしない息子に苛立つこともありますが、いつか私たち両親が面倒を見られなくなった時、そんな息子ならサポートを受けやすく、どんな環境にもなじみやすいかもしれないと思い、いずれ訪れるそうした時が少しでも幸せであるようにと願うばかりです。

思えば息子だけでなく私まで考えもしなかった人生になって、たくさんの努力をした分人生が深くなった気がします。生死にかかわる重篤な状態を乗り越えたことで、有象無象の中から見えるものが違ってきました。大切なことは何なのか、その価値観が変わってしまったことは、私にとっては大きな意味のあることでした。

命を助けていただいた息子がこの世でしなければならないこととは何だろうと考える時、彼だけでなく私自身もなすべきことがあるとしたら、今取り組んでいることではないかと思うのです。「奈良脳外傷友の会あすか」の活動は、初めこそ成り行きでしたが、私たちがさまざまな人たちから助けてもらったお返しにその体験を語ることで、あとから脳損傷になった人たちにとって何かしら力になるのではと頑張ってきました。活動を始めたことで、息子そっちのけでやらなければいけないところもあり、「本末転倒では」と思い、つらい時もありましたが、「大変でしょう」と助けてもらったり、たくさんの人たちが息子に声をかけ気にかけてくれました。誰かのためにしていると思ってやっていましたが、そうではなかったことに気づかされました。

私が忙しくしていて息子の世話ができないことは一見マイナスのようですが、息子にとってそれは一つの試練となり、甘やかされない状況をつくり出したと思います。いろんな人と出会うことができ、母に甘えてしまうのではなく、できることは自分から動かなければいけないということを身につけていったと思います。

何かのウイークポイントは単なるマイナスではなく、そのことで人の共感を呼び、同じ体験をした者同士のつながりをもたらすことがありますし、理解し合えたと思える瞬間があると、それが自分の気持ちの支えになることもあります。

社会のためには仕事のできる人間もいないといけないのですが、発展とか、上昇志向だけではなく、「そこにいること」それだけで十分なんだということもしっかりと感じました。

どんな人にも、その人なりの人生があり価値観があり、人生の歓びがあります。それを、私たちも含む中途で障害をもった当事者やその家族が実感できる世の中でありたいと思います。それをめざすことへの努力が、私や息子の仕事かもしれないと思っています。

〈解説〉家族として、専門家として

大久保みのり（作業療法士・姉）

武は、二〇歳で受傷した。母親の手記にもあるように、最初、脳死ではないが意識障害の状態が続くと言われていた。当時のMRI画像でも、大脳だけでなく脳幹部分にも損傷があり、私はその説明に納得して状況を受け入れようとしていた。しかし、母親はあきらめることなく、機能の回復によいと言われたことは何でも必死で行った。家族（父・私・次女・三女）も、それぞれにできることをサポートし、武は三ヶ月程で意識を取り戻した。

高次脳機能障害について母親が知ったのは、急性期を過ぎ、転院した先の病院の担当医師から説明を受けた時であった。意識が回復してくるにつれ、それは顕著になった。意欲がない彼にリハビリ・運動をさせるのは根気のいることであった。武は気に入らないことがあると大声をあげたり、物に当たり散らすようになった。そしてそれをすぐに忘れた。また、女性に対する興味が強まり、女性を見ると「かわいいね」などと言い、頭を撫でたり、キスをしたがるようになった。また、元来は弱いものに優しい弟であったが、妹たちに暴力的な態度をとるようになった。本人にしてみれば、受傷後思い通りに動かない体と頭に対する苛立ちに加えて、自分より四歳下または八歳下の妹たちの世話にならなければいけないという悔しさもあり、そのような態度になってしまっていたのだろう。高校生であった次女はそのことを理解し、家族が感心するほど我慢強く接していたが、小学生の三女は多感な時期でもあり、大好きだった優しいお兄ちゃんがこのように変化してしまったことに怯え、悲しみ、憤り、武とは距離を置くようになった。

武は怒り以外の感情も失った。受傷前かわいがっていた飼い犬が死んだ時も「何とも思わん」と言い、泣いている妹たちに対し苛立ちすら覚えていた。感情を共有できないということは、一緒に生活していく家族にとってはつらいことである。表情も乏しく、何を考えているのかわからないところがあった。

しかし、武にはユーモアを解する能力は残っていた。時々、場の空気を和ませる一言を発し、周囲を笑わせる。この能力は、武が家族以外の人々に受け入れられるために重要な役割を果たした。母親が脳外傷友の会の活動等で忙しく、十分に武にかまえない時でも、周囲の人々が武に話しかけ、気にかけてくれたが、その多くが「武君は愛嬌があるね」という言葉を口にした。他者と接することで、家族とのコミュニケーションだけでは得られない経験をすることができ、それは武の脳を刺激した。一本調子であった声に抑揚が出て、表情も豊かになり、笑顔も見られるようになった。

先に暗い話を書いてしまったが、大久保家の家族は、基本的には打たれ強い。武の事故の一報を受けた時も、動揺はしたものの、誰も泣き崩れることなく、今自分たちにできることは何か、を考えて動いていた。病室でも、一人になった時は涙することもあったが、家族でいれば、意識のない武に話しかけながら皆でよく笑った。武の意識が戻ると、家族は会うたび「武があんなことをした、こんなことを言った」と情報交換しながら大笑いした。さまざまな家族会のイベントも、都合のつく限り家族全員で参加した。参加できない場合には、自宅で食事を作ったり、祖母の身の回りの世話や飼い犬の散歩など、後方支援に回った。手前味噌ながら、この大久保家の「家族力」もまた、武の回復にとってよい要素であったと言える。

他のご家族を見ても、ご本人の状態の違いはあれど、家族が前向きに、明るく接していると、ご本人も穏やかでいられることが多いと感じる。例えば、何かがうまくできなかった時、「こんなこともできないのか……」とため息をつかれるより、「頑張って取り組もうとしたね。今度はうまくできるようになるよ」と言われたほうが、気持ちが軽くなり、次への意欲につながる。記憶に障害があっても、褒められたり認められたりした「快の記憶」や、なぜかわからないが叱られた、家族をがっかりさせたという「不快の記憶」は脳に刻まれる。だとしたら「快の記憶」を積み重ねていくほうが、ご本人にとっても、ご家族にとってもいい未来が待っているだろう。

事故当時、父は名古屋へ単身赴任中で、奈良の自宅には母ときょうだい四人で暮らしていた。母はパートで働き、私は二二歳、大学を卒業し食品会社の研究課に就職したばかり。武は二〇歳、専門学校を卒業し、自動車整備士として働き始めていた。次女は一六歳高校二年生、三女は一二歳小学六年生であった。弟の三重県での入院生活を支えるため、会社を辞め、母と交代で家事と病院での付き添いをすることになった私は、昼間は笑っていても、夜になると、田んぼの真ん中に立つ病院の窓から、遠く県道沿いに煌めくネオンサインを見て、自分の人生はもうあの道沿いに戻ることはないのかと、不安でいっぱいだった。けれど、いつまでも嘆いていても仕方がない、時間はあるのだから勉強して何か資格を取ろうと思いついた。

その頃私の身近にあった資格といえば、医療関係のものばかり。なかでも、リハビリテーションで毎日接するセラピストを見て、「この仕事、私にもできるかもしれない」と、セラピストをめざすことにした。その後、さまざまな病院・施設のセラピストと出会う中で、作業療法士の資格を取ることに決めた。

医療技術短期大学では基礎医学から専門の勉強、そして臨床実習と、ぎっしり中身のつまった三年間を過ごし、その間何度も、最初に軽い気持ちで「これならできそう」と思ったことを反省した(笑)。単に知識・手技が身についているというだけでは不十分で、個々の対象者およびそのご家族の生きてきた道・生きてゆく道について全般的に捉え、現時点でどんなかかわりが必要なのかを見出していく力が必要なことを、先生方や対象者の方々から教わった。

その間に、弟は病院を転院し、自立訓練センターへ入所、週末は自宅で過ごすようになった。だが、すぐに癇癪を起こし、周囲の物や壁に当たり散らし、築三年の自宅が傷だらけになるのを見ているのはとても腹立たしく、何より弱い者に優しかった弟が、妹たちに暴力的な行為をするようになったこと、一方でそれ以外の女性には「かわいいね」と言って撫でたりキスをしたがるようになったことは、姉として、女性としてとてもつらく、受け入れ難い気持ちでいっぱいだった。

私自身も、作業療法士になり病院に勤務する中で、出会う患者様のことを考えるのに精一杯な状態で、家に帰っても、弟やそれに伴う家族のごたごたで心休まる時間・空間がなく、何かあると「専門家でしょ⁉」と言われることにもしんどくなってしまった。次女が大学を卒業して実家に戻ったことや、私自身が転職して老人保健施設に勤務したのをきっかけに、実家を離れ、程よい距離の場所に部屋を借りて暮らすことにした。もともと一人でいるのが好きな私は、やっとくつろげる時間・空間を手に入れて、ホッとしたことを覚えている。

別居してから一年近く経った時、母から、「脳外傷友の会で、当事者が参加できる会をやれたらと思うんだけど、やってくれない?」と声がかかった。弟や家族のことからずっと逃げているわけにもいかないと、手探りで当事者部会を立ち上げることにした。私が専門家として、弟やほかの当事者の方々と接するようになったのは、この会を始めてからといえるかもしれない。仕事では経験のない、高次脳機能障害の当事者グループの運営は、最初はわからないことばかりで、短大時代の恩師に相談に乗っていただきながらの手探り状態だった。

現在、「奈良脳外傷友の会あすか」の当事者部会「あゆみの会」は、二〇代から六〇代の当事者(メンバーと呼ぶ)が参加し、毎月第二日曜日の友の会定例会にあわせて開催している。細かな決まりはないが、記憶やコミュニケーションのトレーニングを兼ねた近況報告をし、その後は誰かが提案した内容で話をしたり、次回の企画を考えたり、時には調理などを行う。どうしてもサポートが必要な場面でのみサポーターが介入する。この会には武も参加しており、活動は二〇一五年で一〇年目になる。メンバーは多い時で一〇名程になるが、普段は六~七人のメンバーとサポーターで活動している。サポーターは私と、県内の病院に勤める言語聴覚士のKさんが務めている。メンバー同士も仲が良く、この会を毎回楽しみにしてくれ、会えばおしゃべりが止まらない。互いに信頼し、時には相手を思って耳の痛いことも言う。ピアサポートを謳っているわけではないが、お互いしっかりとサポートし合うグループに育っている。

もちろん、最初からこうだったわけではない。私自身、高次脳機能障害の当事者グループに専門家としてかかわるといっても、友の会の定例会の隣で、一人で複数の当事者の方々と話をするといった状態で、何の検査ができるわけでもなく、ただ会話と観察のみからその方の抱えている問題点を探りつつ、他の当事者とうまくなじんでいけるようにサポートするのが精一杯であった。最初はそれぞれの当事者の背景がまったくわからず、会話も一苦労で、とてもグループとはいえない状態だった。メンバー同士で会話することは難しく、言いたいことがあると誰かが話していても私に話しかけ、それに答える間に別のメンバーからまったく別の話題が振られる。少し話が進んでも、記憶障害の強いメンバーからは「結局、最初に言っていたこの話はどうなったんですか？」と言われ振り出しに戻るということの繰り返しだった。

私自身、これは高次脳機能障害による行動なのだとわかっても、専門家としての自信のなさから遠慮があり、何も言うことができず、まったく統制のとれない状態だったが、ある時、私には「家族」という便利な顔があることに気づいた。専門家としてははなはだ頼りない存在であったが、そこに家族としての役割をプラスした時、「私も家族の立場として心配しているんだけど」と思い切って彼らの問題行動を指摘し、「その行動をこんなふうに変えてみたら他の人にもっとあなたのことがわかってもらえるんじゃない？」と専門家としての提案ができるようになった。

ホワイトボードに彼らの話を要約して書き、メンバーが今何を話したか確認できるようにした。私を通さずお互いに顔を見て話をしよう、相手の話を最後まで聞こう、メモを取ろう、と言い続けることで、グループのメンバーは徐々にお互いを理解し、話が弾むようになっていった。

そのグループの中で武は言語能力・集中力・記憶力において明らかにレベルが低く、会話に参加することは皆無に近かった。時にはふいっと席をはずし、どこかに散歩に行ってしまうこともあった。また、急に関係のないことを言って他の人の話の腰を折ってしまうことも多く見られた。メンバーはそんな武のことも受け入れ、武が質問に答えられないでいると助け船を出したり、関係のないことを話すと、「今はこれについて話しているんだよ」と修正し、仲間として扱っていた。そんな働きかけの積み重ねもあり、現在では武も席を立つことなく最後まで参加できている。

武の事故から一八年、武の脳機能の回復はまだ緩やかながらも見られているが、一方で、加齢に伴う機能低下も少しずつ現れつつある。それ以上に両親の加齢による変化は大きく、そう遠くない未来に、今のようなサポートができなくなることは必至である。きょうだいたちもそれぞれ自分の人生を生きていかねばならず、将来的に親や家族がサポートできなくなった時、武や会のメンバーはどうしていくのか、まだまだ不安や課題は山積している。専門家としても家族としても微力ではあるが、今後も弟やメンバーを見守り、サポートしていければと思う。

第6話

あの日を境に余所見を止めた

受傷後の記録

年	齢	経過
二〇一一	23	6・29交通事故による脳外傷（自転車に乗っていてトラックにはねられる）。大阪医療センターの救急救命センター入院。
		8リハビリのために鉄道病院に転院。
		12大阪医療センター入院（人工頭蓋骨形成術）。
二〇一二	24	2大阪府立障害者自立センター通所（週三回）。
		3なやクリニックに通院（週一回、高次脳機能障害のデイケア）。
		7大阪市障害者スポーツセンター高次脳機能障害グループに参加（週一回）。
二〇一三	25	4就労移行支援事業所クロスジョブ堺に通所。
二〇一五	27	2就職し現在に至る。

一段ずつ階段を上る

福田拓郎

僕は二〇一一年、二三歳の時に交通事故に遭ってしまって高次脳機能障害という脳障害を負いました。僕が自転車に乗っていて、一〇トントラックに巻き込まれる形になってしまった事故だったので、本当に命も危ぶまれるような状況だったとあとで母から聞きました。

事故後すぐに国立病院機構大阪医療センターの救命救急センターに運ばれて、その病院で手術を受けました。手術をしてくれた執刀医の話では「前頭葉が損傷したため感情のコントロールが低下し言語障害も残るかもしれない」ということと、「右の側頭葉も損傷しているため左半身麻痺も考えられます」ということでした。

やがて一命はとりとめたのでＩＣＵから救命センターの病棟へ移りました。ここからが生きるための生活リハビリの開始です。リハビリを頑張っていても何がよくなっているのかまったく実感がなくて、とても退屈な入院生活でした。そんな中、入院中の唯一の楽しみは、友人や家族がお見舞いに来てくれて楽しくしゃべっている一時でした。その時間だけは自分が障害をもち、これからの人生に希望を見出せなくなったことを忘れられる一時でした。

母親は僕が入院してから一日も欠かすことなくお見舞いに来てくれていて、自分の入院生活の心の支えになっていて、本当に感謝をしていたのですが、そんな母親に対しても時々、些細なことで腹を立て怒ってしまい怒鳴り声を上げてしまうことがありました。そんなことを何度か繰り返していく内に「何かがおかしい。事故前はこんなにも怒りっぽくなかったのに」と不思議に思うようになりました。

自分でも自覚していましたが、この時は本当に、受傷前まではできていたはずの感情のコントロールができなくなり、些細なことにも腹を立ててしまい、眠る時に同室の人のいびきがうるさくて、一晩中怒っていた夜もありました。

入院中は、(今でこそ普通にできるようになっているが)できなかったことがたくさんありました。朝起きてから夜眠るまで、すべてがリハビリでした。まず目覚めてからその日のリハビリ開始の時間を確認して、時間までに顔を洗い、朝食を食べ、服を着替えればいいと、今では簡単に段取りを立てられますが、当時はそんな簡単なこともできませんでした。目覚めてからリハビリ開始の時間は確認できたものの、次の顔を洗うまでに時間がすごくかかっていたような気がします。時間の確認をしてからもやる気が起きず二度寝することが何度もあり、リハビリ開始の時間になってもまだ着替えの途中で当時のセラピストの方には何度もご迷惑をおかけしてしまいました。

着替えで一番苦労したのが、頭から被って着る服だったら苦労せずに素早く着替えられたのですが、パジャマのようにボタンを留めて着る服は、下か上から順番にボタンを留めないと、掛け間違えてしまうので時間がかかりました。その後もいろいろな苦労をしながらも病院リハビリを終えました。その時点で次の段階の大阪府立障害者自立センターへ通うことが決まっていました。

自立センターへは週一回から通い始めました。まずは朝起きて外に出るということから始めて少しずつ階段を上りました。初めは道を覚えるのが大きなリハビリでした。初めの何度かは母に一緒に行ってもらい、道を覚えられたら一人で通いました。一人で通えると、それだけでとてもうれしかったです。でもお金を持ったら全部使ってしまい帰れなくなってしまうので、往復の電車賃だけを持って行っていました。それでもリハビリを終えて家に帰る途中にお腹が減ると、途中に売っていたイカ焼きを買ってしまい、電車賃が足りなくなり母に何度か迎えに来てもらうことがあり、苦労をかけました。

その後は電車賃を使い過ぎることはなくなり、懸命にリハビリに取り組みました。一年三ヶ月の通所期間中は一度も休むことはありませんでした。その後は就労移行支援事業所のクロスジョブ堺に通いました。

さらに階段を一つ上り、就職のためのリハビリを始めたのです。今までのリハビリとは違い、結果が目に見えて現れるのでやっていて充実感はありました。でもなかなか就職も決まらず、最後のチャンスと思って臨んだユニクロの実習に行き始めました。

ユニクロの実習は本当に毎日が新鮮で楽しんで実習に臨めました。やっぱり楽しむことがよかったのか就労移行支援事業所の利用期限の二年ギリギリで就職が決まりました。朝、内定の電話があった時はとてもうれしかったです。ずっと応援してくれていた母にはすぐに電話をして一緒に喜びました。

前向きにがんばった息子を誇りに思う

福田茂子（母）

二〇一一年六月二九日の朝、「行ってきます」と元気よく出かける息子を私は見送りました。その夜息子から「来月から正社員にしてもらえることになってん。頑張るわなぁ〜」と希望に満ちあふれた力強い電話がありました。その一時間後に再び電話があり、「この電話の持ち主が交通事故で今救急車を呼びました」と告げられました。「さっきまで元気に話をしていたのになぜ？」と思いながら私は病院に向かいました。

医師からの説明では、頭蓋骨は粉々に割れていて出血もあり、脳を圧迫しているとのことです。手術をしても命の危険があるかもしれませんと言われました。私は頭が真っ白になりながらも、命を助けてくださいと祈りながら手術が終わるのを待ちました。医師の説明によると、命はとりとめたがまだ予断は許さない状態で、植物人間になるか意識を取り戻してもかなりの障害が残ると思いますとのことでした。胸が張り裂ける思いで聞いたのを今も覚えています。

救命救急センターの病室では面会は三〇分だけでしたが、息子の好きな音楽を聞かせたり声をかけたり手足をマッサージしたりと私のできることはしました。二〇日程した頃、意識が戻りましたと告げられ、うれしく慌てて部屋に入りましたが、意思疎通はなくただ目を開けて手足をバタバタ動かしてるだけでした。それでも感動しました。それからは日々一つずつできることが増えてきて、そのたびごとにうれしく思いました。やがて気管切開のカニューレを外す日がきました。事故後初めての息子の言葉は、「おかあさんいつも病院に来てくれてありがとう」でした。私はこの時「もう一度産まれてきてくれてありがとう」と感動で涙が溢れました。不思議な感覚でした。

事故前の息子ではないのですが、一生懸命に命をつなぎ、できなかったことが少しずつできるようになり、再び産まれてきてくれたんだと実感しました。

救命センターからリハビリ病院に転院し、息子は前向きにリハビリを頑張っていました。毎日日記を書くようにもなり、そのことが感情が豊かになるきっかけになったんじゃないかなとあとから思いました。看護師さんたちとも仲良く、人気者になり笑顔が増えました。四ヶ月のリハビリを経て元の病院に転院し、人工の頭蓋骨の形成手術を受け一ヶ月程で退院しました。それからは自宅での生活です。

大阪府立障害者自立センターとなやクリニックに通所することになり、初めは道順が覚えられないので私が付き添いしましたが、何度か通っているうちに息子は一人で通えるようになりました。嫌がることもなくいつも前向きに頑張っていました。

ある日自立センターでの面談中にてんかん発作を起こしました。三分程意識がなく手足をバタバタしていました。苦しそうな息子の姿は可哀想でなりませんでした。自立センターでの一年間の生活リハビリでは休むこともなく一生懸命頑張りました。

その後、就労支援移行事業所で職業訓練を約二年間受け、事故から三年八ヶ月での就職へとつながりました。

家族会や当事者会、そして高次脳機能障害の研修会などに息子は積極的に参加しています。それは息子にとっても私自身にも心強くかけがえのないものです。

今こうして息子が頑張っているのも、支援者の方々、医師や看護師さんたち皆様から応援していただいたおかげだと思っています。そしていつも前向きに頑張ってきた息子を誇りに感じます。これから先のいろいろな困難も一つ一つ越えられるようにと願っています。

〈解説〉医療連携とリハから就労へ

納谷敦夫（精神科医）

福田君が「なやクリニック」を訪れたのは、二〇一二年一月三〇日であった。当院は、脳損傷による後遺障害で、心理的、もしくは精神医学的症状のある人のみを診察の対象にしている。

この日は、母親同伴で、大阪医療センターの紹介状、リハビリを受けた鉄道病院での神経心理学的検査結果をお持ちいただいた。いつもは持参をお願いする脳の画像は、あとで病院から送っていただくことになっていた。

その紹介状とお二人からの聞き取りの結果は、次の通りである。

二〇一一年六月二九日、自転車に乗っていて大阪市内で一〇トントラックにはねられる。飲み会の帰りだった。同方向に走っていて、急に彼が前に飛び出たと言われている。フロントガラスで頭を打つ。大阪医療センターの救命救急センターへ搬送され、右急性硬膜下血腫、脳挫傷で、同日開頭血腫除去術、外減圧術を受ける。この時前頭葉を取ったと手術した医師から言われている。八月一五日鉄道病院に転院し、リハビリを受ける。一二月二四日に退院したが、一二月二七日に大阪医療センターに再入院し、頭蓋骨のかけた部分にセラミックを入れ、二〇一二年一月二七日に退院する。二月より府立障害者自立センターに週三回通所し、高次脳機能障害のリハビリを受けることになった。ここは、二〇〇一年の高次脳機能障害モデル事業から高次脳機能障害のリハビリに取り組み、二〇〇七年には府立急性期総合医療センターのとなりに場所を移転した施設である。

彼は勤務先からの帰宅途上であったが、寄り道して酒を飲んでいたので労災の適用にならず、年金もなかった。

診察では、左同名半盲があり、左手で細かい作業が上手にできない状態であった。また気分はうつ的で、死んだほうがよかったと思うこともあると本人は言っていた。

当院では、大阪医療センターの神経心理学検査の結果を踏まえ、もう少し詳しい検査を実施した。

同時に感情コントロールのためにデパケン、鬱のためにジェイゾロフトという薬を処方した。当初はイライラし、母親に怒鳴ってしまうこともあったようである。

三月一六日には、それまでの神経心理学的検査結果を渡して、母親と本人に高次脳機能障害の現状を説明した。検査結果の概要は次の通りである。

大阪医療センターで二〇一一年一二月に実施した知能検査（WAIS-Ⅲ）では、動作性IQが六一と言語性に比べて三〇も低下していた。当院にて二〇一二年二月一〇日から三月七日に実施した神経心理学的検査結果ではコース立方体テストでIQ七六、前頭葉機能検査のFABでは一五／一八、日常的な記憶を見るリバーミード行動記憶検査では、プロフィール点一八／二四（一九／二〇）、スクリーニング点七／一二（七／八）（括弧内は障害と正常のカットオフ値）とカットオフポイントに近く、軽度の低下が認められた。遂行機能検査ではBADS（遂行機能障害症候群の行動評価）で年齢補正した標準化得点九七（平均値）と平均的であった。二〇一二年二月に府立障害者自立センターにおいて実施した検査でも、記憶は三宅式の無関係対語に障害が認められたが、有関係対語やREYの図形の再生は保たれていた。しかし遂行機能の一部である慶応版ウィスコンシンカードソーティングテストのセットの転換課題では達成カテゴリー数が少なく、保続が認められた。検査した作業療法士の最後のまとめから抜粋する。

「今回、他院でも神経心理学的検査を実施されており、重なる可能性のある検査は除外しました。家族への感謝の気持ちや、就労したいなど、意欲がうかがえます。取り組み姿勢については、真面目に取り組まれますが、わからない問題へのあきらめが早い傾向が見られました。

空間の構成課題に問題があります。しかし、ＢＩＴ（日本版行動性無視検査）では、無視症状は見られませんでした。

障害の認識は、遂行機能については母との差が見られませんが、記憶障害についての認識はお母様より軽く認識されているようです。

ＦＡＢの抑制課題は、行動の抑制ができるかどうかに関連しています。検者と同じように行動してしまう傾向があり、行動の抑制が難しいことを示しています。

社会的失言検出課題（失言テストというのは、社会的な失言が含まれた場面を被験者に提示し、社会的失言が含まれているかどうか判断させる課題）においては、文章の読み取りが早く、失言の有無を正しく捉えることができています。しかし、後半、疲れてこられたのか、その理由については、『わかりません』と答えられることが多くなりました。

前頭葉性の症状（疲れやすさ、行動の抑制、現状把握が難しい、計画性に欠けるなど）や空間関係の把握に難しさなどがあり、ご自身も不安になっているところがあるようです。

まずは、デイケアに一日参加されて、持久力をつけることが必要であると考えられます。」

こうした検査結果を踏まえ、府立障害者自立センターと並行して、当院の精神科デイケアを利用した認知リハビリに二〇一二年三月より週一回参加することになった。しかし、三月二二日に府立のセンターで、てんかん発作を起こして倒れた。約五分の意識喪失と痙攣であった。てんかん発作の次の日にはイライラして怒っていたが、さらに次の日には感情的に不安定になった。

頭部外傷の症状には、一部にてんかんが出る人がある。頭部外傷が重度であるほどその確率は高くなる。言わずもがなではあるが、彼の診断を高次脳機能障害であると考えると、てんかんは高次脳機能障害の症状に含まれていないので、わからなくなる。あくまでも高次脳機能障害は脳損傷の症状で、てんかんも同様である。当院でデパケンを抗てんかん作用が出る量まで増量した。

七月からはセンターへの通所は週三回となり、週一日は、大阪市の障害者スポーツセンターの高次脳機能障害グループに参加し、運動を中心にしたリハビリを行うことになった。九月には、てんかん専門医に紹介し、脳波検査を踏まえ、抗てんかん薬をデパケンからテグレトールに変更した。

彼は堺脳損傷協会の家族の会に父母と一緒に出席し、さらには大阪府や兵庫県の当事者の会にも出るようになり、母親に依存的になっていたのが、次第に親からの自立を果たしていった。

二〇一二年暮れには、当院と府立センターなどが協議し、高次脳機能障害専門の就労移行事業所「クロスジョブ」に面接に行くことになった。一二月四日にもてんかんの大発作があり、発作のあとは母親への依存が高まる傾向があったため、あちこちで活動するのはよいが、あまり疲れすぎないようにと注意をした。てんかんについては専門医による脳波検査、薬物の血中濃度の測定、薬の漸増により発作も出なくなり、本人の不安も次第に落ち着いてきた。

二〇一三年四月からクロスジョブに通うようになり、府のセンターに通う回数が減った。クロスジョブでは聴覚過敏（脳損傷の症状の一つで、雑音が抑えられず、人の言葉が聞きづらかったり、雑音にイライラして易怒的になる症状。ノイズキャンセラーが有効な人が多い）が出て、しんどいと訴えるものの、シャープなどでの職場実習、大阪市のスポーツセンターでの職場実習などに参加している。二〇一四年に入っていよいよ就活を始めたが、本人の希望は高く、母親も焦っていた。二〇一五年にユニクロに面接に行き、試験そして実習に合格する。

二〇一五年二月九日には当院のデイケアで卒業式を行った。この時彼はユニクロの制服を着てやってきた。職場が家から近いので今後心配される疲労感にとってはよいことだろう。

外傷性脳損傷者の症状は、多岐にわたる。医学的な面だけでも、眼科、耳鼻科、整形外科、脳外科、精神科、泌尿器科等にわたり、しかもそれぞれ頭部外傷に詳しい医師の関与が求められる。福田君の場合は、脳外科医、神経内科医、精神科医、てんかんの専門医などとの協力が必要であった。

彼はてんかんについて、万一のことも考えて、隠して就労する気持ちはなかった。しかし、私はあらためて、てんかんへの過剰な偏見のあることに悔しい思いをすることが多かった。

こうして書いてみると、普通の頭部外傷の若者がすんなり就労したかに見える。しかし、多くの医療連携、リハビリから就労移行事業所などのつながりがあったからこそだと思う。これらのつながりは、電話で済ませられる強い関係に育っていた。こうしたつながりをつくっていくためにも、今大阪府で奨められている、医療圏ごとの資源開拓、ネットワークづくりの推進を期待しているところである。

彼はいつの間にか詩を書くようになり、小さな詩集を自費出版している。その詩集から、最後に一つ紹介しよう。

『余所見』
平成二三年六月二九日。
あの日を境に僕は余所見を止めた。
なぜなら余所見をしたって、
僕のやるべきことは前にしか無いから。
違うところばかり見て余所見をしていたら
本来のやるべきことを見失ってしまうから。

第7話 合った仕事にめぐりあえて一段落

受傷後の記録

年	齢	経過
二〇〇四	24	10・20交通事故による脳外傷（通勤途上、自家用車運転中にガードレールに衝突）、救急病院に搬送。
		12リハビリのため神奈川リハビリテーション病院に転院。
二〇〇五	25	3同院職能科で通院リハを開始。
		5通院プログラムに四ヶ月参加。
		9人工内耳形成術を受ける。
		11試行的就労（職場内リハ）を開始。
二〇〇六	26	10正式に復職（大井松田店）、その後足柄店、平塚店を経て大井松田店に戻る。
二〇〇七	27	3物忘れなどの問題行動が顕在化。職能科が介入し、職場と仕事時間の再確認をした。
二〇〇九	29	1販売店から下取りセンターに異動になる。
二〇一〇	30	3地域の集まり（趣味のトランペット）に参加（週1回）。
		12車の写真を撮る仕事に変わり、現在に至る。

仕事を楽しめています

塩澤正憲

事故は二〇〇四年一〇月二〇日です。台風二三号で速度規制になっていた高速道路で運転操作を誤り、左側の擁壁に接触後中央分離帯に衝突し、全身打撲の負傷を負ってしまいました。正直、事故前後のことは覚えてないですね。事故の前に勤務先の車の販売店で新装開店セールをやっていて、結構忙しかったと思いますが、あまり覚えていません。事故のあとも、最初に治療を受けた救急病院にいた時のことはうっすらと覚えていますが、どれがその病院のことだったのかわからないところもあります。神奈川リハビリテーション病院に来た時のことも何となく覚えていますが……。最初に経過のことを書かれた紙がベッドのわきに貼ってありましたよね。あれは自分には役に立ちました。二〇〇五年一月以降はずいぶん記憶があります。

通院プログラム（神奈川リハビリテーション病院の通院グループ訓練）は覚えています。メンバーはAさん、Bさん、あとは顔はわかるけど名前が誰だっけ、それからDさんも一緒でした。内容は、えーと工作をやったかな。施設の見学や屋外のレクレーションにも行きましたよね。ためになったことですか？　楽しかったです。他のメンバーとも結構仲良くできたと思います。車の運転は禁止されていたのでやむを得ず電車とバスを使って通っていましたが、これもいいリハビリになりました。症状の気づき？　この頃はあまりなかったですね。

職場内でのリハビリは、二〇〇五年一一月から始まりました。リハビリ開始の時に、心配することは特になかったです。最初は本社でパソコンの仕事が中心でした。職場内でのリハビリが始まって、「覚えられない」ことは感じました。自分ではよくわからなかったんですが、二〇〇六年四月頃に先輩に「最初来た頃に比べてよくなったね」と言われました。ただ、この頃のことは結構忘れてしまっています。

二〇〇六年一〇月に大井松田店に移って正式に復職になりました。今はずいぶん変わったようですが、この頃の車の販売店は結構遅くまで残っていることが多かったんです。その中を最初は早めに帰してもらっていましたが、遅くなってしまうこともありました。お客さんからのクレームを人伝いに聞いたりしたこともあったのですが、あまり覚えていないですね。二〇〇七年二月に足柄店に職場が変わって、またよく知っている店長さんのところで仕事をすることになりました。

二〇〇九年に販売店ではなく下取りセンターに職場が変わりました。最初は事務仕事（名義変更手続きなど）でしたが、これは苦戦しました。好きな人はあまりいない仕事だと思いますが、自分ももうやりたくないですね。保険資格更新のためのテストも、事故前はすんなりと合格できていたのに、なかなか受からなくて苦労しました。そのあと、中古車撮影の仕事になりました。最初は屋外での撮影でしたが上司の方や周囲の方のご配慮で屋内にスタジオを作っていただきました。屋外では後遺症のため気温の変化に適応できずめまいや頭痛がしばしば起きましたが、スタジオ開設により体調を崩すことは少なくなりました。今も業務内容はほぼ変わらずに行っています。写真の撮影や車種ごとのアピールポイントを考え、セールスコメントをホームページに掲載する業務です。

一段落したなと思えるようになったのは最近でしょうか。でも、これってずっと終わりはないですよね。

今、自覚する症状は、においがわからないことと、記憶です。においは受傷してからまったくわからなくなりました。においがわからないと、仕事で中古車の査定をする時に禁煙車と喫煙車との区別がつかなくて結構困るんです。傍目には症状があるように見えないですしね。それと人の名前が思い出せないのも、仕事がら結構困ります。耳鳴りは続いていますが、何とかやっています。聴力も少し聞きにくいですね。検査では正常範囲の結果が出るんですが、やっぱり聞きにくいです。家のテレビは字幕を出す設定にしています。

精神障害者保健福祉手帳は取りました。三級です。抵抗はあまりなかったです。職場に手帳のことは言ってあって、障害者枠の換算になっています。

記憶は救急病院にいた頃からぼんやり残っていると思います。でもどれがどれかわからない感じもします。記憶が戻った時のことを鮮明に覚えている方もいるそうですが、自分は何となくだんだんに戻ってきた感じで、特に思いもなかったです。

自分は以前とは違うとはあまり思っていませんし、あまりそう思わないようにもしています。高次脳機能障害という言葉を覚えたのは通院プログラムの時です。たしか何かビデオを見ましたよね。記憶の悪さは会社に行って実感しました。でも、具体的に対処法をとったわけではないんです。自分は優等生ではないんですよね。メモを取ってもそれで忘れちゃうし。

困難だったことはたくさんあったと思うんですけど、忘れてしまいました。楽しかったのは、友人がたくさん来てくれたことです。周りの人にはいつも助けてもらっています。職能科のT先生にはお世話になりました。店長さんには、結構こまかいところまで見てもらっていました。

自分の後遺症について、今はあまり感じません。一番困るのはにおいですかね。記憶力は今、そこまで困ってないですね。周囲の人との関係も、事故前と何も変わってないと思います（これは周囲の人たちに恵まれていることの裏返しなのではないかという話になった）。

自分としては、普通のサラリーマンをやっているつもりです。今やっている写真を撮る仕事は、楽しみながらできている仕事で、いい仕事にめぐりあえたと思っています。車は好きなので、いろいろな車にたくさん乗っていい写真を撮ることができる仕事はこれからも続けていきたいですね。あちこち行きましたが、最後にいい仕事に出会うことができました。

（インタビュー&構成：青木重陽）

一〇年が一区切りなのかもと思っています

塩澤泰子（母）

息子は自動車販売会社で営業の仕事をしていたのですが、事故は入社して二年目の秋のことでした。その日は台風が来ていて暴風雨だったのですが、仕事に遅れそうになり少し慌てて家を出て行きました。事故後すぐに高速救急隊から連絡をもらって、救急病院に向かいました。病院では病状もわからないままお昼過ぎまで待つことになりました。ＩＣＵ内で息子を見た時には、いろいろなチューブにつながれて、人工呼吸器もついていて、意識もありませんでした。バルビツレート療法を一週間程受けたと聞いています。手術はありませんでした。その後、人工呼吸器は取れたのですが、激しい頭痛があり、食欲もなくてほとんど食べることができないような状態が一ヶ月程続きました。

友人は、神奈川リハビリテーション病院に移ってからも含めて、たくさん来てくれました。最初、気管内挿管の影響で声が出なかったのですが、友人が来るとそれがきっかけで声が出るようになったりしました。退院後もたびたび友人が訪問してくれて本人も力づけられ、回復への手助けになったと感じています。

神奈川リハビリテーション病院には、受傷後一ヶ月半程の一二月七日に転院しました。この時には歩けましたけれども、まだずいぶんボーっとしていました。一方で、「早く帰らせてくれ」「お客さんが待っている」などとも話し、まったく自分の状況を理解できていませんでした。入院中に覚えているのは、院内のレクレーションです。病棟で歯科の先生が吹くピアニカの音色を合図に始まって、息子をはじめ他の入院患者さんたちと工作をしたり、歌ったり、会話をしたりと、家族もずいぶん癒されました。幼稚園を思い出すようでしたが、まだ不安で先の見えないあの時期にホッとする時間をつくっていただき感謝しています。

年が明けて一月になってぐっと回復したと感じました。退院は三月一三日で、退院してから職能科の通院リハに通いました。担当はT先生でした。そして五月から通院プログラムに参加しました。日中、時間を上手に使うことができなかったのですが、退院してほぼすぐに通院プログラムが始まったことで生活のリズムがつき助かりました。通院プログラムでは家族セッションのことをよく覚えています。家族同志で話ができたことと、コーディネーター（プログラムの中でリハビリ医、臨床心理士、ソーシャルワーカーが担っている）からのアドバイスがとても有意義でした。

八月に通院プログラムが終わり、九月に事故による外傷性耳小骨離断に対する手術を受けました。人工内耳を作る手術だったのですが、術後、若干聞こえはよくなったようです。ただ、耳鳴りは続いているみたいですし、聞き直すことは今でも多いですね。また、この頃は食べ過ぎて一〇キロ以上太りました。加減がわからないんですね。今は、空腹はわかるようですが、満腹という感覚はやはりないみたいです（今は食事量を調節し、体重は事故前に戻っている）。

その年の一一月から職場内でのリハが始まりました。最初はすべてが心配でした。それこそ、朝起きて場所を間違えずに時間までに職場に行けるかということも含めてです。職場内リハビリは同じ会社とはいえ新しい場所、初めてのスタッフや仕事内容等で、本人にとってはかなりのストレスだったと思いますが、この時も人事部の方々、T先生、家族の協力で乗り切ることができました。

二〇〇六年三月頃にはだいぶしっかりとしてきて、記憶力も上がってきているように感じました。そして、その年の五月には、職場の方があまり簡単な仕事だと物足りないのではないかと気を遣ってくれて、営業所に少し出てみることになりました。息子は喜んでいましたけれど、顔と名前がまだ覚えられないし厳しいんじゃないかと心配していました。ただ、ダメならダメで息子もいろいろ理解するかもしれないと思うこともできました。

結局、二〇〇六年一〇月に無事に復職ができて、その後大井松田店、足柄店、平塚店を経てまた大井松田店に戻りました。職場の方には理解をいただいて、ありがたかったです。ただ、この頃は比較的帰りが遅くなることもあって、そうすると調子が悪くなることもありました。二〇〇七年三月頃には物忘れが増えてそれまでできていたことができなくなることがありました。病院を受診したところ疲れだろうと判断され、この時もT先生に職場に出向いて調整していただきました。夜八時くらいまでには帰れるようにしていただいて、息子の状態はだいぶ改善しました。職能科のT先生には、勤務場所が変わるたびに訪問をしていただいていました。

夏場は、毎年調子はよくなかったです。頭痛とめまいが強く起こる日があって、数日は休みをとることになりました。最近は、夏場を過ぎれば調子が戻ると思えるようになりましたが。二〇一〇年に職場の資格試験があって、全員が取らないといけない試験ですが、二回不合格になって上司から少しきついことを言われたこともありました（この試験は三回目で合格された）。二〇一〇年一二月から、車の写真を撮ってホームページに掲載する仕事になり、本人に合った仕事にめぐりあえたと思っています。

二〇一〇年から、趣味のトランペットで毎週木曜に地元の市民吹奏楽の集まりに出るようになりました。定期演奏会にも出るようになったのですが、その練習で好きな音楽を通して仲間と交流することが大切な気分転換になっているようです。元々車と鉄道が好きで、雑誌を見たり模型を作ったりなんてことは受傷をしたあとも結構早いうちからやっていました。

やっと一息つけるようになったと思えたのは、ごく最近ですね。昨年くらいからでしょうか。やっぱり一〇年が一つの区切りなのかな、なんて思っています。最近は、むしろ家族の方が「よく覚えているなぁ」と感心することも時々あるようになりました。最初の救急病院に入院していた頃は、仕事に戻るなんてとても思えませんでしたから。それこそ二度子育てをした感じです。最初はオムツもしていましたし。当時は、水を飲み始めると止められないのです。結局飲みすぎてお漏らししてしまう。振り返ると大変は大変だったのですけどね。慌てずに来られたのがよかったです。本人の元々の性格もあるのでしょうけれど。

仕事が自動車関係で車好きでもありましたから、運転の許可が出た時にはうれしかったしホッとしました。その頃に、歩き方も急にたくましいよい歩き方になったようです。

いつもいろいろな人に助けられてきたと思います。とても長く職場内のリハビリをしていただいたのですが、その効果は大きかったのではないでしょうか。少し忙しくなると疲労も出ていましたので。T先生にもお世話になりました。息子本人はもとより、家族も長い経過にめげそうになることがありました。その都度お電話で的確なアドバイスをしていただき、ここまで来たと思います。

においがわからなかったり、聞き直しが多かったりは、今でもまだあります。夏場の頭痛、めまいもつらそうです。満腹感がなかったり、気温の変化にあわせて衣服を調整したりすることも苦手です。でも、事故前は周囲に障害がある人はいませんでしたから、受傷して障害をもち、一緒に訓練をしたり車いすを押してあげたりしたリハビリ病院での経験は貴重で、これからも役立ててほしいと思います。吹奏楽の仲間にも、ケアマネさんがいたり障害者のご家族の方がいたりして、息子の障害を理解していただき安心しています。

大きな事故を経験し、失うものも多かったと思いますが、たくさんの人に助けられ今なお見守っていただき、より多くのものも得られたのではないかと思っています。

〈解説〉復職したその先に

青木重陽（リハビリテーション科医）

塩澤さんは、二〇〇四年一〇月二〇日に交通事故で脳外傷を受傷された。その後の経過は、結果だけを見れば、無事に復職を果たし、現在も仕事が継続できているということになる。しかし、その経過にはさまざまなことがあり、また症状も残っている。インタビューの中で、ご本人、ご家族とも一段落したと感じられるようになったのは、受傷約一〇年を経た最近のことであると話されているが、これは問題が起こらなくなったのではなくて、問題が起こっても塩澤さんと周囲の方（ご家族、職場の方）が、その問題に対応・解決ができるようになったのだと私は解釈している。すなわち、問題への対応力がついたのである。復職後の経過も含めて、少しずつ少しずつ自分らしさを発揮できる生活を構築されてきたのである。

塩澤さんの脳外傷は、急性期のグラスゴーコーマスケールの合計が八点であり、意識障害による重症度の分類では重症にあたる。頭部ＭＲＩでは、左側頭葉に挫傷痕が見られ、左前頭葉にも損傷があり、脳梁部にはびまん性軸索損傷を反映する陰影も認められる。局所の損傷とびまん性の損傷とが合併した所見である。すなわち、当初の意識状態も、頭部画像も、事故によって頭に相当の衝撃が加わったことを推定させるものであった。実際、当院に入院してきた時も、まだ反応は遅く、自発性も乏しかった。

身体面に関しては、当院入院時には、軽度の左麻痺、右難聴、嗅覚脱失を認めた。その後、左麻痺は目立たなくなり四肢の運動機能は大きな問題はなくなっている。嗅覚脱失は脳外傷ではよく見られる症状で、前頭葉の底面に出る嗅神経が外傷で断裂されやすいことに起因する。外からは見えない症状であり、医療従事者は過小評価しがちであるが、完全に断裂していると回復することはなく、小さくない問題となり得る。「致命的ではないのですが、結構困っているんです」という言葉は、その後塩澤さんから頻繁に聞かれた。

高次脳機能障害については、当院入院直後の知能検査（WAIS-R）の全IQは六七であり、記憶障害、処理速度低下などを認め、注意の持続力も低下していた。入院期間中に回復がはかられ、退院前に実施したWAIS-Rの全IQは八六まで上がったが、退院時点（二〇〇六年三月）では、高次脳機能障害、右難聴、嗅覚脱失等が残存していた。家族との生活ならば大きな問題なく過ごせるだろうが、復職はまだ難しい状態であると推測された。

脳外傷では、脳がびまん性に損傷される。したがって、さまざまな症状を呈し、それらが絡み合ってきわめて多様性の高い臨床像を呈する。この場合、そのリハビリテーション（以下リハ）の目的は、一つの症状の回復（例えば記憶障害の回復）だけでは足りないこととなる。全人的包括的リハアプローチが必要とされるゆえんである。

塩澤さんの場合、当座の長期目標は復職と設定された。そしてそのために短期的な目標を階層的に組み上げていく戦略をとった。自宅での安定した生活を構築すること、必要な体力・注意の持続力を身につけること、どんな仕事ができるかを知ること、それをもとに能力と仕事内容を適合させていくことなどが、階層的に組まれた目標である。ただ、あとにもふれるように、最終目標は復職ではなく、就労を安定して継続することであった。そのために、症状に対する対応力を高めること、受けるストレスを発散する方法をもつこと、やりがいをもつことなどを、塩澤さんはさらに獲得していくことになる。

リハアプローチはご本人にだけでなく、ご家族、職場にも行った。つまり、ご家族、職場の方々に、障害理解を深めてもらうことで障害に対する対応力を高めてもらった。塩澤さんの場合には、それができるご家族、職場の方がいたことが幸運であったといえる。塩澤さん、ご家族、職場、そしてわれわれ支援者がチームとなって動くことができたことが、その後の良好な経過につながった最大のポイントであると考えている。

退院後、塩澤さんは当院の職能科の通院リハを受けることから始めた。そして、具体的なリハプログラムとしては、「通院プログラム」と「職場内リハ」を利用してもらった。「通院プログラム」は、神奈川リハビリテーション病院で行っている通院グループ訓練の一つである。グループ訓練には多様な作用があり、その目的を一言でいうことは簡単ではないが、「通院プログラム」では障害の気づきの促進を主目的とし、就職前の準備訓練と位置づけている。塩澤さんの場合には、本人の障害の気づきの促進というよりは、生活習慣の改善やご家族の障害学習のほうに効果があったかもしれない。「職場内リハ」は、試行的就労を病院主導で行う形式にしたプログラムである。試しに職場で過ごしてみて、実際の現場での問題点を洗い出し、その対応法を見出す。病院主導で行う形にしていることで、状況に応じて期間延長などの調整がしやすいという特徴がある。

二〇〇五年三月に退院した塩澤さんには、同年の五月～八月に当院の「通院プログラム」に参加してもらった。復職に向けて最初に獲得しなくてはならないことは、安定した形で自宅生活が送れることである。通院プログラムが終了した段階で、自宅での日常生活は（頭痛やめまい感が残るものの）大きな問題はない状態になったと判断できた。

二〇〇五年一〇月、職場と初回の面談を実施。参加者は職場スタッフ、当院担当医、職能科担当、本人、両親であり、高次脳機能障害の一般的説明、経過、慣らし勤務としての職場内リハの説明をした。この結果、塩澤さんご自身の希望もあり、同年一一月二二日から週二回職場に出てみることとなった。

当初は、本社でのエクセルによる表作成などのパソコン単純作業が中心であり、塩澤さんは少し物足りないと話していた。しかし、職場の捉え方は若干異なり、表確認作業にミスが出る等の指摘がされ、職場側から職場内リハ延長の希望があった。ただし、職場が塩澤さんのことを温かく見てくれているところはこの後も一貫して継続され、この点は塩澤さんにとって大きな意味をなした。二〇〇六年五月に営業所に出てみることになったが、この時も塩澤さんの喜びに対してご家族は不安を感じる

下の通りである。

状況であった。

二〇〇六年六月時に神経心理学的検査の再実施をしているが、その時の臨床心理士のコメントは以下の通りである。

「入院時と比べて改善が見られ、ほとんどの検査数値は平均範囲内になった。ただし、検査中に視覚的注意力の低下、聞き違い、思い込みによる間違った判断などが見られる。一方、一度理解してしまえば、遂行は可能であり作業速度も速い。復職時に、話の内容をきちんと理解できるかという点に配慮を要すると思われる。」

実際、この時期、一見どこも悪くなく見えるが、職場ではまだ苦労が続いていた。また、ご本人、ご家族、職場とで、症状の捉え方に大きな差が見られた時期でもあった。

正式な復職は二〇〇六年一〇月一日であった。しかし、復職をした後にもいくつかのヤマ場があった。最も大きかったのは、二〇〇七年三月頃のできごとである。この時は、物忘れが増え、日頃できていたことができなくなっていることにご家族が気づき、当院に連絡をもらったのであった。外来受診では、明らかに覇気がなくなっており、表情が乏しかった。夜帰る時間が相当に遅くなっている事実を聞き、本人の能力に対する過負荷とそれに伴う疲労が原因であることが疑われた（なお、疲労とは何かという問題は学問的には複雑なため詳しくはふれない）。当院職能科が介入し、仕事時間をきちんと守ることを職場との間で再確認し、結果的に就労時間が短縮されたことで状態は回復した。以後もさまざまな機会に同様の疲労が起こることがあったが、このエピソード以降、塩澤さんとご家族が無理は禁物であることを認識され、早め早めに休みをとるようになり、当院の介入を要するような状況には陥らなくなった。すなわち、過負荷に伴う疲労に対する対応法を獲得された。

この時に限らず、ご本人の状態をご家族が的確に捉え（ご家族の捉え方は本当に上手だった）、それを相談できる場をつくることができ（当院職能科を中心とした窓口）、職場が当院からのアドバイスに素早く対応をしてくれる形がとれたことは、とても大きなことであった。ご家族、職場、支援者がチームとして機能することができ、結果として早めに問題を摘み取ることができ、ご本人と職場との関係がこじれるのを未然に防ぐことができたと考えている。

塩澤さんの職場は、大井松田店に始まり、足柄店、平塚店、再度大井松田店、そして下取りセンターと転々とした。特に事務仕事はご本人の症状を考えると苦手な業務内容になるので、ご苦労をされたのではないかと思う。結果として、車を撮影しコメントとあわせてホームページを作っていく業務に就いたが、これは塩澤さんの症状の影響が小さくて済み得意なところが活かせる業務となった。

経過の中で、二〇一〇年に趣味のトランペットを再開したことも大きいできごとであったと思われる。仕事をしていく上では必ずストレスを受けるので、ストレスへの耐性を高めることは重要である。塩澤さんにとってトランペットは、ストレスの発散方法となったし、職場以外のコミュニティができたことでも意義が大きかったと思う。

現在でも、塩澤さんは症状に起因する問題に困っている。嗅覚はない。注意力の持続は低下しており、聞くことの理解力低下も残っている。特に事務仕事ではミスが混じることが考えられ、また夏場は頭痛やめまい感が出現することも見られる。病識もなくはないが、実感は乏しい状態である。しかし、無理をすべきでないこと、夏場が過ぎれば頭痛が減ることを知るようになった。ご家族と職場がチームとして機能しているし、趣味の活動でストレスを発散できるようにもなった。つまり、塩澤さん（ご家族や職場も含めての塩澤さん）が自分の症状をコントロールできる部分が増えたのである。今では、塩澤さんは一日一〇～二〇台もの車の撮影をしているそうである。活き活きと仕事をされている。

担当の支援者を交えて、塩澤さんの経過を振り返ってみた。

あとから見れば、塩澤さんは周囲に恵まれていた。ご家族はご本人さんの状況を的確に捉えることができた。ご家族も塩澤さん自身も困った際に相談をすることができた（これは意外に簡単ではないことで、困っても相談をしなかったり、事後の相談になったりする方が多い）。職場は、特に現場からは厳しい意見が出たこともあったようである。ただ、職場が受傷前の塩澤さんとは違うということを認識した上で、何とかできないかと努力をし続けてくれたことが、塩澤さんにとっては本当に恵まれたところであった。家族や職場の評価も含めて考えていくことの大切さを再確認させられるところとなったが、実際にどう評価をするのか、その方法については今後の課題である。

職場内リハプログラム利用のタイミングについては、少し早かったのではないかという意見もあった。現在ならば、職場復帰の前に、もう少し苦手なところをつかむための病院内訓練を導入したかもしれない。しかし当時はこういった訓練がまだ十分に整備されていなかった。塩澤さんの場合は、タイミングが早かったことによって生じる無理に、ご本人、ご家族、職場のいずれもが耐える力をもっていたので離職に至るようなことはなかったが、苦労のいくつかは避けられた可能性がある。

経過の中で、職能科担当者の役割は大きかったと思う。塩澤さんのように、復職が果たされたあとでも長い期間にわたって、ご本人、ご家族の意見を聞く形がとれたことは意味があった（ご家族や職場に恵まれていたのでできたことでもあったが）。もっとも、特に職場に戻った当初は、職能科担当者も心配で目が離せなかったとのことである。少しずつ少しずつ相談の頻度が減り、現在は相談がなくなった。塩澤さんの場合においては、ここに至るまでに一〇年程の期間を要した。今後については、よほどの環境変化がない限りは大きな問題は出ないのではないかと考えている。欲を言えば、塩澤さん自身の病識にもう一段上がる余地が残っているようには思われる。ただ、例えば今のタイミングで病識が上がることが本当に幸せなのかは何とも言えないところもある。

脳外傷などによる高次脳機能障害に対応する場合、障害の多様性が高いために、その方法の答も一つではないのだろうと思われる。用意するプログラムのバリエーションを増やすこと、そして個々の当事者にあわせてプログラムスケジュールを組み立てることが求められる。これらの機能を担うシステムの構築と人材育成方法の確立が望まれる。

第8話

自分でできるようになりたい

受傷後の記録

年	齢	経過
二〇〇五	31	7・8 心肺停止による蘇生後脳症。滝川脳神経外科病院に緊急搬送。
二〇〇六	32	4 自宅退院、同病院の外来リハに週二回通院を継続。
二〇〇七	33	7 滝川保健所保健師と出会う。
二〇〇八	34	1 くるみ会のサテライトに通所開始。翌年10月には中断。
		10 集団作業療法に参加（月二回）。
二〇〇九	35	4 ヘルパーによる通院支援開始。
二〇一一	37	5 「ほほえみ工房」を見学。
		11 「ほほえみ工房」に福祉就労し、現在に至る。

発症してからの生活とこれから

山本紀恵

入院してる時のことはわかってるけど、その前のことは聞いてだから記憶がない……病院にいた時の先生の名前とか入院している人のことは大体覚えてるけど、自分でそう思ってるけど、違うっていう人もいるからわかんない。入院中、部屋で音ならして遊んだり、音楽でゲームしたのは覚えてるけど、はっきりしていない。入院中、お手伝いでおしぼりを畳んだりしたのは覚えている。ＩＣＵだか入ってる時の二人部屋で、「ばーちゃんと話するか」って話してくれたのも何となく覚えている。

いつ頃かははっきりしないけど、退院してサテライトに行ってから、なんか感覚がずれた。サテライトでやってたこととかリハビリでやってたこととかぐちゃぐちゃになってるのをこの頃感じる。字が読めないとか書けないとかの記憶は入院してた時からで、本を読んでもらったことはわかるけど、気がついたら本が読めなかった。字も前に書いてたのにな。テレビを見て、新聞を読んでたんだけど、何かしようと思ったんだけど、覚えていない。でも今はもう読めないし。本もなくなったから本を読まなくなったけど、読めなくなるぎりぎりまで本が近くにあったら違ったかな、って思う。ま、新しいのがあっても、読めないから一緒なんだけど。

字を練習しなきゃって思った時、病院で練習した時は自分の字ではなくって、先生の手を借りて書いてたから自分の字ではない。自分で書いても、読めないし、今も工房で書くことあるけど、書き順とかもわかんないし……○△□とかの形を合わしたり、書いたり、病院でもやってたけど、今は時間がかかる。本当に触らないと形がわからない。

退院してから、楽しいことはいろいろ。退院する前のことはやっぱり覚えてない部分もあるけど、楽しいことのほうがいっぱいで、楽しいことは、カセットテープに録音していた。それが消えちゃって、また聞きたいのに。退院して花を買いに行ったこととかマラソンをまた始めたこととか楽しかった。つらかったことは忘れた。

嫌なことはありそうでない。友だちとかマラソンの友だちはいてよかった。嫌なことってない。あ、今頃のほうがあるかな？　工房行く時に着替えをしてなかったら「まだ、着替えしてない」とか「歯磨きしてない」とか言われるのが嫌だ。服とか買う時も、「早く決めなさい」って言われるけど、サイズとかわかんないから、靴とか買う時にせかされるのは嫌なこと。足に合うのを探すのが、結構面倒になる。

友だちがいてよかったな～って思うのは、何かあった時に助けてくれたり、手伝ってくれること。たまにご飯を食べに行く時、一人では行けないから、友だちが誘ってくれて、助かるっていうか楽しい。友だちは今までと変わらなくつき合ってくれる。

これから機械とかいじってみたい。リモコン操作ができるっていう動くおもちゃだと思うけど、

「欲しいのは何か」って言われるから、脳トレみたいなのは使えないから、そういうのが欲しい。何かの時にこっそり買いに行こうかなと思ってる。工房とかのお買い物ツアーとかで行く時に聞いてみて。自分の意志で買うものがほとんどないから、たまには自分の意志で買い物したい。店の人はずっと見てるからほしいと思ってるんだな、って思ってると思うの。

この先は何でもしたい。家の中がきれいになってほしい。掃除機・風呂掃除はたまにはするけど、洗濯機を回したりできないから、やってみたい。誰もいなくても洗濯機を回したい。近くに姉がいるから「頼めばいいしょ」って言われるけど、誰もいなくても、ここまでやっといてって自分でできたらいいなあって思ってる。いろんなことを自分でできるようになりたい。結婚は四〇歳過ぎたから無理、遅いから……。マラソンも足が痛くって、走ってるんだけど、今はマラソンよりも歩くのもやってみたい。一〇〇キロウォーキングとかもやってみたい。一人で歩くよりも、だれか誘ってくれたらやってみたい。でも、誘ってくれる人いないなあ。ずっと歩いてみたいとは思うけどね。一回は歩いてみたいなあって思って、こないだ一回歩くの連れてってもらったけど、一人じゃ無理だし。一人で歩けるようになりたい。

（インタビュー&構成：浅野友佳子）

一〇年をふり返って

山本美恵子（母）

倒れる前、紀恵は午前中働き、その後は一八時頃に看護学校に行くまでは家にいたので、食事の準備や買い物などで私たち自身も頼っていた部分が多かったと思います。最初に看護師になると言った時も、近くに看護の専門学校があるのに、弘前まで行くと言って頑張って勉強していました。働き始めてからも勉強したいと言って、助産師になるために働きながら学校に通う生活をしていました。

紀恵が倒れた日は翌日から学校が休みになるという日でした。ちょうど給料をもらってきて「看護師でよかった。雇ってもらえて、給料もらって」って話していました。そのあとに紀恵は倒れました。倒れた日も本当は友だちと旅行に行く予定をしていたようで、のちにメールを確認すると友だちから何度もメールがきていました。「こういう事情で……」と紀恵の友だちに対してメールを送信したのが、最初の友だちへの発信でした。しかし、そのあとは紀恵の友だちに連絡しようがない状況でした。

倒れた時は、大変なことが起きたと思いました。病院の看護師がみんな一生懸命、紀恵を看てくれて、少しでもよくなってほしいと思って、私も毎日病院に通いました。紀恵は最初、食事も取らなかったので、私は家の事と農業をやりながらも、どうやってやったのかは覚えていませんが、コンビニなどで出来合いのものを買わずに紀恵の好きなものをつくって病院に通いました。いつまで病院の階段を上るのだろうかと考え、相当落ち込んだこともありました。結果的にはいい方向に向かったと思いますが、これから先本人がどれだけ苦労するかが一番心配です。

七月に倒れてから、紀恵は一二月頃まで話ができず、コミュニケーションがとれない状況でした。これは今も続いており、ほほえみ工房に行っても友だちの名前が出てこない状況です。

退院してからは、私たち両親だけではなく、私の義父が毎日、紀恵に話しかけてくれたり、新聞を読んで聞かせてくれたりと、よくしてくれました。そのことがなかったら、今のように紀恵がしゃべれただろうかと思います。義父と一緒に豆をさやから取る仕事をしてくれ、義父は紀恵に「ご苦労さん」などの声かけをしてくれた日々があったので、張り合いのある生活を送れたのだと思います。

紀恵の障害を受け入れることの葛藤は今もあります。私は、本当にショックが大きかったです。婦長に「お母さん、病院に行って来たらいいんでないですか？」と勧められるぐらい、くよくよ悩むことは多かったです。なるようになるしかないのですが。

歩けますし、麻痺などもなく、表向きは障害があるように見えませんが、紀恵は物の認識ができません。認識ができれば、記憶がなくても、字が読めなくても、書けなくても自然と覚えていけると思うのですが、認識ができないということはどう考えてもいろいろなことがうまくできません。これから親元を離れていく時期が来ることを考えると今までの一〇年間のうちでもっとやれたことはなかったのか、本人に向いていることはなかったのか、など思うことはあります。

紀恵の症状を説明しても、わからないと言われることが多く、難しいです。この先、どれだけ苦労に耐えられるか心配です。

（インタビュー&構成：浅野友佳子）

ゆっくりですが、少しずつ

山本勲（父）

医者から「重大な障害が残ります」と言われ、どんなことがあっても仕方がないと思いました。「一番何ができるようになってほしい？」と医者に問われ、「コミュニケーションがとれるようになってほしい」と言いました。やはり、親子なので、コミュニケーションはとりたかったです。今は何とかとれています。

入院して最初の一〇日ぐらいはどうなるのか想像もつかなかったです。しかし、看護師たちが一生懸命、娘の世話をしてくれました。仕事（農業）は、ポイントを押さえれば何とか収穫はできるので、娘のために直接何もできませんが、病院に通うことだけはしようと思い、毎日通いました。今から思うと、本当に時間がなく、忙しくしていたので、くよくよ考えずに済んだのかもしれません。

退院の際、医者に「焦った気持ちをもって先を考えてもダメだ。ゆっくりゆっくり考えなさい」と言われ、私自身覚悟を決めて、どういう結果になろうともゆっくりやろうと思いました。心の中では、もとの紀恵に戻ってくれれば……と思いますが、その気持ちを押し出してもうまくいきませんので、今の状況よりもよくなってくれればと思うようにしました。もっと何かしてあげたいと思うのですが、私たちではうまくできないこともありました。文字を教えるにしても、「こうでないの？」といろいろ家で教えるのと、浅野先生のところで教えるのとはまったく違うやり方で、別の方法で教えると混乱することもわかりました。散歩の途中で掛け算を教えると、二ヶ月も三ヶ月もかかりましたが、暗記ができました。だから文字も、一つ書ければ、もう一つ、また一つと覚えるのではないかと思いました。本当にゆっくりですが、少しずつ変わってきました。周りからみると、もっと何かしてやればいいのに……と思われるかもしれませんが、私たち自身が必死になっても、紀恵は大変だろうし、私たち自身にも無理がきてしまいますので。

もう一〇年経ちました。もっとしてやれることがあったのではないかと思いますが、今ではこうして紀恵はしゃべれるようになりました。言葉を教えていなくても、「こういう言葉を思い出したんだな」という一つ一つが私たちの喜びになりました。

今でも紀恵は、少し離れたところに私たちがいると、私たちの前を「誰だろうな？」という顔をしながら素通りしてしまいます。私たちのことも声で判断しています。店に行っても、しっかり声をかけてもらわないと自分に向かって話しかけられたのかどうかがわかりません。

将来のことを考えるといずれはほかの人の世話にならなければならないので、紀恵自身が納得したり、我慢できるのか心配でもあります。以前、紀恵に「神様が意地悪したんだ。でも、助けてくれる神様もいるから」と言ったことがあります。でも、紀恵は「神様はいない。願いごとはかなえてくれない。神様は信じない」と言うようになりました。紀恵自身が、今の自分自身の状況を一番理解しているのかもしれません。

（インタビュー＆構成：浅野友佳子）

〈解説〉地域での生活を支援して

浅野友佳子（作業療法士）

山本紀恵さん（以下、のんちゃん）と私との出会いは、滝川脳神経外科病院に転職し三ヶ月が経った頃であった。七月の終わりに入院したのんちゃんは、当初、リハビリテーションとして理学療法と言語聴覚療法が指示されていた。しかし、意識障害が続いており、病衣を引きちぎったり、医療従事者を殴ろうとしたりしたので、二日でリハビリが中止となった。そんなのんちゃんが気になり、私は自ら志願してリハビリテーションの指示をもらい、介入したのがのんちゃんとの最初のかかわりとなった。

のんちゃんは病前、医療従事者として働いており、家の手伝いもよくする両親にとって自慢の娘だった。高校時代に海外留学をし、倒れる直前まで英会話教室に通ったり、趣味のマラソンを仲間と行っていた。のちにのんちゃんの高校・大学時代の友人から聞いた話では、仕事にも熱心で、責任感が強かったことがわかった。倒れた日も友だちと会う予定で、何度ものんちゃんを心配するメールが来ていたということであった。

私が出会った頃ののんちゃんは、身体的な障害はないが、話しかけてもオウム返しであり、「だってねーだってねー」など会話にならないが声を発して笑ったり泣いたりしていたかと思うと、数週間まったく反応を示さなくなり、微動だにしないこともあった。その年の一二月末までは、日毎に異なるのんちゃんの姿を見て「何がのんちゃんにとって一番安心できることなんだろう」と悩む日々であった。

年が明けると少しずつのんちゃんの意識障害が改善してきて、のんちゃんの本当の障害が見えてきた。時間や場所がわからない。食べ物がわからない。人がわからない。過去の記憶がないなど……。まず身の回りのことができるようにかかわろうと思いながらも、将来ののんちゃんがどんな生活を送るのか、見当もつかなかった。若いのんちゃんを何とかしてあげたい。もとののんちゃんはどんな人だったのか、どんなことをしたかったのかなどを考えていた。このことが、高次脳機能障害者の病前の生活や性格を知り、これからの生活に役立てようと思えるきっかけになったと思う。

のんちゃんは救急搬送されたのち、五秒間の全身痙攣を起こし、心肺停止状態となった。蘇生まで数十秒であったが、意識障害は数ヶ月持続した。ＭＲＩなどでは病変が見つからなかった。唯一あったものは外傷性クモ膜下出血であった。のちに北海道大学で精密検査を行ったところ両側鳥距溝の一部、舌状回、紡錘状回、下後頭回、および右の下側頭回後部の皮質に高信号域を、後頭、側頭、頭頂葉により強い両側大脳皮質全体の萎縮を認めた。このような脳の広汎な損傷の結果、以下のようにさまざまな神経心理学的症状が生じた。

①相貌失認

両親がお見舞いに来ていても両親とは気づかない。両親が黙って横を通り過ぎても知らない様子をするなどがみられた。のんちゃんは相貌失認によって相手の顔を判断することができなくなったため、声で人を判断していた。のちにサテライトへの通所の際に、話している人の表情や視線がわからないためトラブルになったことがあった。のんちゃんのことを話題にしているわけではないが、声で判断しているため、自分のことを話されているように感じ、嫌な気分になったりすることがあった。声の主を覚えることは可能であるため、席を固定し声の向きで話を判断してもらう練習を今もしている。

②物体失認

物の形はいまだに理解できていない。触って「丸い」などの理解はするが、「リモコン取って」と言われてもすぐには取れない。家では、置く場所が決まっているものはすぐに取ってくれるようであるが、置き場所が異なるとわからなくなる。

③色彩失認
当初、「好きな色は?」と聞くと「ピンク」と答えていた。しかし、ピンクを判断することができなかった。発症後七ヶ月目には色彩呼称検査で「赤・黒・白」のみ答えることができたが、色のマッチングはできなかった。発症後四年目には色彩のマッチングや呼称は八色可能となり、曖昧な色の差も理解できるようになった。そのため、「服装が秋らしくなった」などの言葉が聞かれるようになった。逆に、類似色も別の色として認識してしまうので、一〇円玉の汚れによる微妙な色の差で一〇円と認識できない事があり、現在も生活上の不自由がみられている。

④失読・失書
のんちゃんは日記を書きたいというが、まだ名前しか書けない。のんちゃんは本も好きだったが、今も読むことができない。文字や数字が理解できておらず、読んだり書いたりすることができない。そのため、ラジオを聞いて情報を入れている。また、一時はテープに日記を吹き込んだりもしていたが、今はしていないようである。

⑤同時失認
複数個の対象を同時に認知する能力に障害があるため、空間が広いとどこを見てよいかわからなくなる。また、全体を見られないので一つずつ理解していき、最後にすべてを統合する必要がある。そ

のため、トランプなどでカードを手に取って数を数えたあとに元の場所に置こうとしても、時々間違ってしまう。

⑥バリント症候群

動くものが動いて見えないことがある。また焦点が合いにくい。そのため、すぐに人のほうを向いたり、ものを注視することができない。のんちゃんはよく「お米はとげるけど、水は入れられない。だから水加減はだれかやって」という。水がたまっていく様子などがうまく認識できていない不自由さがある。

⑦意味記憶障害

見るだけでは形がわからない。日常生活や福祉就労の際に問題になったのは、触ってもわからないことである。視覚失認だけであれば、触ると物の名前や使い方がわかるのだが、のんちゃんにはわからなかった。のんちゃんがスプーンや箸を当初使えなかったのは、スプーンや箸などの日常品の名前も使い方も記憶の中からなくなっていたからである。一つずつ使い方と名前を練習しながら覚え直していった。いまだに普段見なれないものがあると何をするものかわからなくなることも多い。

⑧記憶障害
のんちゃんは短期記憶には問題がない。しかし、長期記憶に関しては意味記憶だけでなくエピソード記憶もなくなっている。のんちゃん自身の発症前のエピソードは、発症後いろいろな人から聞いて組み立てていったものである。のんちゃんは視覚認知に障害があるため、写真を見てもうまく理解できない部分があり、昔を知っている友だちと会って話を聞くことを今も楽しみにしている。

何とか身の回りのことができるようになり、退院して自宅に戻ってからも、週二回の外来リハビリでのつきあいが、私が滝川脳神経外科病院を辞めるまで八年続いた。その間に、のんちゃんとの会話が成立するようになり「働きたい」「一人で行動したい」との訴えが聞かれた。その一言をきっかけに、何とか働けるようにと、高次脳機能障害者のための集団作業療法を行いコミュニケーションの練習をした。のんちゃんから「誰が話をしているかわからない」「顔がよくわからないから怒ってるのかもと心配になる」と人とのコミュニケーションがうまくとれないことを訴えられたため、小集団でのリハビリを開始し、その中でのんちゃんは、ほかの高次脳機能障害者と話す機会を得た。

毎回同じメンバーで、声のするほうを見て話しながら、自分のできること、苦手なことを相手に伝える練習を行った。このリハビリで、「できないことは手伝ってもらえばいい」と言えるようになったことが、障害受容と自信をもつことにつながっていったと考えられる。

病院の医療関係者以外による支援の最初は、のんちゃんの両親が脳外傷友の会コロポックルの総会に参加して、そこで出会った地元の保健師であった。保健師は、精神障害者の方を中心にサポートしているくるみ会のサテライトで開かれている「語ろう会」をのんちゃんに紹介した。のんちゃんは「語ろう会」に週二回通い始めた。通い始めたものの「語ろう会」のスタッフはのんちゃんの症状がわからず、くるみ会と保健師と私と三者での最初のカンファレンスがもたれた。その際、のんちゃんの症状と対応方法を説明することで、週二回の通所が継続された。しかし、うまく場になじめなくなったのんちゃん自身が「語ろう会」に行かなくなり、病院しか定期の外出先がなくなった。

のんちゃんの「一人でどこかに行きたい」という希望を叶えるため、家族、保健所の保健師、病院のソーシャルワーカーと相談し、まずは通院が一人でできるように支援しようということになった。そこで、ヘルパー（福祉制度）を利用することとし、ヘルパーにはのんちゃんの症状と対応方法を伝え、バスでの通院練習を開始した。

当初は、ヘルパーが家まで迎えに行き、一緒にバスに乗って病院に送り、外来終了時に再びヘルパーが病院に迎えに行って、一緒にバスで家まで帰るということから始めた。最初はバスの回数券の投入口がわからなかったり、降りる停留所がわからず降車ボタンが押せなかったりしたが、徐々に慣れ、最終的には家の前から一人でバスに乗り、病院の最寄りのバス停で待機していたヘルパーと一緒に歩いて通院するようになった。

のんちゃんの支援を行っていく中で、高次脳機能障害者の家族会の必要性を感じてくれた保健所は、年に四回家族会を開催してくれるようになった。また、この頃から保健所の高次脳機能障害普及啓発相談支援事業に私自身も参加するようになり、関係者学習会を地域で年に一回主催するなどワーキンググループによる地域啓発事業も活発化してきた。

地域での支援ネットワークが少しづつ構築され、「仕事がしたい」「好きなものを買いたい」というのんちゃんの希望を叶えるため、福祉就労の受け入れ先を病院のソーシャルワーカーとともに探した。施設を見学し、受け入れが可能かどうかをのんちゃんの症状と対応方法を伝えながら探していった。受け入れ可能な施設を見つけてからは、受け入れ前に私と保健師と両親、施設スタッフ、市職員が集まってカンファレンスを開き、受け入れ態勢を整えていった。さらに就労したあとも保健師と私がサポートを続けることになった。

これまで何度ものんちゃん自身が挫折を感じたとは思うが、病前の友だちや家族、地域の支えによって福祉就労を続けている。二〇一五年現在、福祉就労開始から三年目となったが、今も私はのんちゃんと月二回の集団作業療法でかかわりをもっている。のんちゃんとの出会いによって高次脳機能障害者が地域で生活していくためには、家族の支援、地域の支援が必要不可欠なことを知った。のんちゃんの支援には、地域の病院、行政、福祉関係者がつながり、それぞれが高次脳機能障害を理解しようと努力することで、家族・地域などの支援体制が築かれるきっかけとなった。のんちゃんとのんちゃんの家族には地域支援をつくるきっかけになってくださったことを本当に感謝している。

第9話

隠さずに伝えていこう

受傷後の記録

年	齢	経過
一九九七	42	11・16交通事故による脳外傷（交差点で信号無視の車に衝突される）。救急病院に搬送され、二ヶ月後退院。
一九九八	43	1酪農家である本人の実家で農作業の手伝い（週四日）を開始。 7広島県立保健福祉短期大学附属診療所でリハビリを開始。
二〇〇〇	45	6復職をあきらめて退社する。
二〇〇一	46	1実家のアイスクリーム工房で妻と働く。約八年間継続。
二〇一一	56	11障害者支援施設に入所し、自立訓練（生活訓練）を開始したが四ヶ月で退所。その後、通所に変え週二回で継続二年間で終了。
二〇一三	58	11就労継続支援B型事業所に通所、現在に至る。

私の障害の日々

松田克馬

一九九七年一一月一六日（日）、消防団活動で屯所より出動し、四差路を青信号で通過中、左から来た車が赤信号を無視して私の車に衝突をしたとのことです。この事故で、私は高次脳機能障害者になりました。そして高次脳機能障害者として、一八年が過ぎました。

私には、重度の記憶障害があります。今日何をするのか覚えていないので行動や集合に遅れる、すっぽかす、今日何をしたか思い出せない、皆さんの思い出話についていけない、といったことがあります。翌日の予定も自分で立てられず、妻に聞かないといけません。

事故後、同じ物が二個あるように見えるようになりました。例えばセンターラインが二本に、対向車も左右二台に見えます。キャッチボールをしても、ボールが二個飛んできます。これは滑車神経麻痺と呼ばれます。この話をすると、妻やリハビリの先生に、「それは高次脳機能障害じゃない。目のことを最大の問題のように思っているところが高次脳機能障害です!!」と、毎回、言われているようです。しかも、お互いに意見を譲ることができず、毎回、言い争いになってしまいます。このように感情的になったことは、記憶障害の私でも何となく覚えています。何となく覚えていますが、意見は変わらないのでいつも平行線です。この文章を読み直していた時も言い争いになりました。この時は、完全に納得したとまではいきませんが、私が折れて、一件落着となりました。

初めに入院した病院のK先生に、三原市にある県立保健福祉短期大学を紹介してもらい、そこで元学長のD先生に診察をしていただき、言語聴覚士の本多留美先生からは記憶、生活の工夫の仕方のリハビリを受けました。本多先生が退職され、今は私のリハビリの様子を見学されていた、本多先生の教え子のT先生にリハビリを受けています。T先生は、私が本多先生と言い争っている様子を見ておられるので、頭が上がりません。

目の治療は、岡山の病院を紹介していただき受診しました。診察をしてもらい、メガネで焦点が一つに合うようにしていただきました。おかげでセンターラインは一本に、対向車も一台に見えるようになりました。ボールも一個に見えるようになり孫とキャッチボールができるようになりました。

毎日の予定の確認は妻に助けてもらっています。その日の予定を記入した手帳をいつも身につけ、わからなくなったら手帳を見て、何をするのか確認をしなければなりません。しかし手帳を見るのを忘れることも多いです。妻からの声かけがあり、助かっています。「今日は何かするんじゃないの?」と妻から言われ、考えてみますが思い出せません。するとさらに妻から、「手帳かカレンダーに書いてあるんじゃないの?」と言われ、手帳とカレンダーを見ます。

私の記憶は、手帳や日記、デジカメに入っています。普段はメモ帳・手帳を持ち歩き、できごとがあれば、その都度手帳に記入するようにしていますが、完璧には記入できていません。記憶障害の自覚が不十分だからだと思います。デジカメも持ち歩いています。残したいできごと・様子を写真に撮影します。見てすぐわかる写真は、とてもよい記録となります。

寝る時は、枕元に「記憶」を置くようにしています。明日することを記憶できていないので、翌日の予定を妻に聞き、紙に書いて枕元に置いて就寝しなければいけません。翌朝起きると紙を見て、一日の予定を確認し、行動するようにしています。しかし、うっかり予定を聞いていないこともあります。妻に聞いていない時は、今日何をするのか思い出せず妻の行動に遅れてしまいます。予定や行動をすっぽかすことになってしまいます。

毎日、起きてすぐ健康管理のために枕元にある血圧計で血圧を測り、チェック表に記入します。着替えをし、顔を洗い、髭剃りをし、食事をします。歯磨きをし、今日の新聞を読み、「昨日の復習」というドリルをします。ドリルは、覚えた文章をどれだけ思い出すことができるかというものです。それからパソコンに昨日の日記・血圧・体重・歩数・写真を入力します。これらのことは習慣づいていて、手帳を見なくてもできます。

午後、昼食を済ませてからは、散歩・畑仕事・植木の剪定・片付けなどをして過ごしています。時々孫と遊んでいます。散歩は、体を動かすことがないのでいい気分転換になります。雨の日は傘をさして散歩に行きます。以前は雨が降りそうでも傘を持たずに行き、びしょ濡れになって帰ることもありました。「雨が降りそうな時には傘を持っていく」という判断が、最近、少しできるようになりました。妻からの声かけの成果です。夕方から夜は、入浴・夕食を済ませ、日記・血圧・歩数・体重をチェック表に記入します。

週に二回、火曜日と木曜日は、就労継続支援B型事業所のパン屋に出勤しています。パンを焼き、汚れた鉄板を専用の液で洗い、全面にオイルを塗って保存する作業などをしています。これまでに貯めたお給料で、還暦祝いをしてくれたお返しに、娘の家族と息子夫婦に、食事をご馳走しました。

また、脳外傷友の会広島シェイキング・ハンズの家族交流会に参加しています。月に四回ほど、同じ高次脳機能障害をもたれた方やその家族の人と交流会をしています。会議をしたり、たまに食事会をしたりしています。楽しく話して意見交換をしています。

＊＊＊

後日、解説者が本人に「思い」をお聞きしました。ご本人は「高次脳機能障害と言われても、正直、何だかわかりません。記憶障害と言われればそうかなと思います」とのことでした。また、奥様に対しては「覚えておいて言ってもらわないといけない」「運転してもらわないといけない」と思っておられるそうです。松田さんの奥様への思いがそれだけではないことは、お顔を見ていればわかるのですが、言葉にして表現することがどうしてもできないようでした。

家族思いの父を襲った高次脳機能障害

松田圭介（息子）

父親が、高次脳機能障害になったのは、一九九七年、私が中学三年生の時です。

私は前日から友人の家に泊まりに行っており、翌日に大変なことが起こるとは思いもせず、夜遅くまで遊んでいました。一一月一六日、早朝六時三〇分頃「圭介！　起きなさい！」という友人の母親の声で目を覚ましました。友人の母は今まで見たこともない表情で、「お父さんが事故をした！　叔母さんが迎えに来るから直ぐに行きなさい！」と言うのです。しばらくすると、叔母が友人の家まで迎えに来てくれました。叔母は目に涙を浮かべ、「圭介！　しっかりしなさいよ」と言うのです。その時は状況も把握できず、父親の命が危険であるとは思ってもいませんでした。

叔母の車に乗せられ、父親が運ばれた病院に向かっていると、交差点に大破し血だらけの軽自動車と大破した普通車、そしてパトカーが停まっていました。血だらけの軽自動車が父親の乗っていた車です。父親は消防団の訓練に行く道中に、交差点に信号無視で侵入して来た普通車と事故に遭ったのです。私は、その車を見て初めて恐怖心が湧いてきました。

病院に到着して薄暗い廊下を進むと、泣き崩れた母親と、担架の上に寝かされた父親の姿がありました。父親は意識がなく、呼びかけても反応はありません。すごく怖かったのを覚えています。間もなく、父親は処置室に運ばれ、その後個室病棟に入りました。病棟に移ってから、二〜三時間後に意識が戻ったと記憶しています。

それから二ヶ月位は、意味不明なことを言ったり、感情のコントロールができず怒鳴ったり、時には叩いたり、点滴の管を抜いたりと昼夜を問わず付き添いが必要な日々が続きました。事故以前の父親は、真面目で温厚で家族思いの性格でしたので、人が変わってしまったかのようで、親族一同つらかったです。加害者が本当に憎くて、中学生でしたが、殴ってやりたいと思っていました。

そんな日々が続き、やっと落ち着きを取り戻し始めた頃から、父親の言動や行動に違和感を覚えるようになりました。

一つ目が、「記憶できない」のです。数分前にだれがお見舞いに来てくださったかを覚えていない。朝何を食べたかも覚えていない。「今日は何日かのう?」と何度も聞きました。

二つ目が、「感情のコントロールができない」のです。些細なことで怒鳴る。母親が運転しているにもかかわらず、後部座席から運転席を殴ったりする。そして、泣くこともしばしば。

その当時は、事故から間もないこともあり、また周囲からの励ましの声もあり、これらの症状も時期が来れば治るだろうと思っていましたが、診断の結果、私たち家族は初めて父親が「高次脳機能障害」という障害を負ったことを知らされました。とはいえ、この時は高次脳機能障害という障害を聞いたこともなければ、見たこともなく、まさか事故から一八年経った今でも、父親と私たち家族が見えない障害である高次脳機能障害とつきあっていることになろうとは思ってもいませんでした。

今回、この文章を書くことになり一八年間を振り返ってみましたが、本当にいろいろなことが起き、いろいろな悲しみがあり、いろいろな人からの支えがありました。

退院してからの三年は、母親も仕事をしていたため、昼間は酪農家である父親の実家で過ごしていました。そこで、伯父夫婦の力も借り、農業の手伝いをしながらリハビリをやり社会復帰をめざそうとしていたのですが、大変な日々でした。

初めは、記憶障害を治して早く社会復帰をしてほしいと、素人ながらに皆でいろいろな訓練を行っていましたが、なかなか上手くいきません。高次脳機能障害者の父親には、自分が障害をもったという認識はなく、明日からでも仕事に復帰できると言うようになりました。障害を認識できない人にリハビリをしようとするのですから、上手くいくはずがありません。

しかし、祖父はあきらめずに毎朝毎朝自宅まで迎えに来てくれ父親を支えてくれました。七〇歳を超えていたので体力的にもきつかったと思います。何より、働き盛りの年齢で事故に遭い、障害を負ってしまった息子を毎日見るのは本当につらかったと思います。

この三年間は、本人も家族も高次脳機能障害に対する認識が甘く、完治をめざし空回りばかりしていたのかもしれません。私自身も当時は中学生から高校生の時期でしたので、すごく不安でした。一方で長男ということもあり、自分がしっかりしなければという葛藤もありました。その反面、当時は威厳のなくなった父親に対して、苛立ちをもっていたことも事実で、事故前の父親の人間性を振り返り、自分なりに父親への考え方をまとめるまでには時間がかかりました。

いろいろとリハビリをする中で、私は将棋が日課でした。初めの頃は、毎日毎日、角と飛車の位置が逆でした。その度に「何か違うよ！」とミスを気づかせる日々。対戦をしても本当に弱く、私に将棋を教えてくれたのは父親だっただけに、悲しくなりました。時には苛立ちを抑えきれず、「何で覚えられない⁉」と声を荒げることもありました。しかし、継続は力なのか一年ぐらい経つと本気で負けそうになることもありました。たまにはわざと負けていましたが……。たいしたことは何一つできていませんでしたが、高次脳機能障害にはこれが正解というリハビリはないと思うので、ちょっとしたことを長く続けることも必要なのだと思います。しばらく父親と将棋をしていないので、今度対戦をしてみようと思います。

父親の実家で農作業を手伝いながら過ごしていた、受傷後九ヶ月の頃、主治医の先生が三原市の県立保健福祉短大附属診療所を紹介してくださいました。診療所で、父親と私たち家族を長きにわたり支えてくださる本多先生と出会うことができました。今思えば、これが本当にありがたいことでした。先生は本当にいろんなことをリハビリに取り入れてくださいました。そしていつも近くにいてくださり、一番ストレスを溜めている母のサポートもしていただいたことを本当に感謝しています。

事故から三年が経過した時、父親の職場復帰は不可能とわかり、三年も待っていただいた会社を退社することにしました。その頃、父の兄夫婦が実家でジェラート工房を開業することになり、母親も今までの職を辞め父親と一緒にジェラート工房で働くことにしました。母親の内心は、父親を一人で行かせることが不安だったのだろうと思っていましたが、母親にそのことを聞くと、不安ではなく、そばにいるほうが安心だったそうです。働き出して、やはり障害者の父は、母親のフォローなしでは仕事をこなすことはできませんでした。いろんな問題が起こる中、幸いなことにスタッフが身内であること、また理解のある同僚に恵まれ、苦労しながらも忙しい日々を送り、振り返ると九年近く働くことができました。長く働いていましたが、母親が体を悪くしたため二人とも辞めることにしました。

それからも、少しでも自立ができればと施設入所をしましたが鬱になり、六ヶ月の予定が四ヶ月でリタイヤとなりました。

一八年間、いろんなことを体験しいろいろなことがありましたが、学校を出てから私は家を出て生活をしているため、私が見てきたことはほんの一部だと思います。その間、三六五日ずっと一緒に生活をしている母は私の何倍も何十倍もいろんな苦労をしており、何度も投げ出そうと思ったことだと思います。ですが、投げ出すことなく、今も一番近くで父親を支えている母親は本当にすごいと尊敬しています。加害者を許せたわけではありませんが、これだけ時間が経つと憎しみも薄れました。

先日、「NPO法人高次脳機能障害サポートネットひろしま」による当事者・家族の勉強会に参加させていただき、あらためて感じたことがあります。高次脳機能障害は、一見健常者に見える障害ですが、決して夫婦、親子、家族だけで解決できることではありません。まずは、この障害を私たち自身が理解し、地域の方、友人、知人、同僚等多くの方に、恥じることなく周知することが必要だと思います。二〇一四年の年末に、地元の町の広報紙に障害の特集記事を出してもらうことになり、父親の障害のことや家での対応について、母親が書いた文章と両親の写真が載りました。多くの方が読んでくださり、「大変だったんだね」と声をかけてくださいましたが、親しくしている知人の中に、「実名で掲載されることに恥ずかしいという思いはなかった?」と言う方もいました。私たち家族は、長年、隠すことでもなければ恥ずかしいことでもないと思っていたのですが、まだまだ障害というものに対しての認識は、恥じるというのが大半なのかもしれません。私はすべての障害を知っているわけではありませんが、少なくとも高次脳機能障害に関しては、恥じることなく周囲に伝え、時に助けてもらわなければつきあえる障害ではないと思っています。この文章を読む方々以外にも、同じ障害に悩み、希望の光が見えない方々がまだまだ多くいると思います。我が国の高次脳機能障害に対する理解、福祉が向上し、同じ境遇の仲間たちが相談と交流ができる場が増えるよう切に願います。

いろいろな人の力を借りながら

松田睦子（妻）

一八年前の私たちは、短大一年の娘、中学三年の息子、私の母と夫との家族五人とも、平和な日々を過ごしていました。ところがある朝、「こちらは消防署です!」という一本の電話で、夫が事故に遭ったことを知らされました。まるでドラマのワンシーンのようでした。当時の夫は働き盛り、人生で一番忙しく、何事もやりがいある時期だったように思います。

事故から生活は一変し、夫中心に回っていきました。命が助かること、身体が回復すること、復職できること、そして元の生活に戻れることを信じ、いろんな人の力を借りながら頑張ってきました。

事故から二ヶ月くらいの時に、知人から他県の病院で高次脳機能障害者の支援に携わっていた方を紹介していただき、短大生の娘と中三の息子それから兄夫婦も一緒にお会いしました。この時高次脳機能障害とはどんな障害なのかを話してくださいましたが、初めて聞くことばかりで、すぐには頭に入りませんでした。ただ、「この障害は、お母さん一人で頑張っていたら、お母さんは倒れてしまうよ」と言われたことが印象に残っています。その頃、夫は体がどんどん回復している時期だったので、障害の話を聞いても、「そんなことあるわけがない！　うちは違う！　うちは大丈夫！」「治そう！元の夫に戻すんだ！」との思いでした。まさかそれから長い年月にわたって高次脳機能障害と闘うことになろうとは、その時は夢にも思っていませんでした。

それでもこの時に、「一人では倒れてしまうよ」と助言をいただけたのが本当にありがたかったです。私は「誰にも迷惑かけずに自分だけで頑張ろう」と初めは思っていましたが、「手を差し伸べてくれるのならありがたく借りよう。いつか恩返しができるだろう」と、気持ちを切り替えることができました。

受傷後九ヶ月で本多先生との出会いがあったことは幸運でした。夫のリハビリは手帳記入から始まりましたが、私も日記を書くように言われ、文章を書くことが苦手だった私は正直戸惑いました。初めは一～二行だった私の日記も、日が経つと一ページ二ページと書くことが増えていきました。本多先生は日記に書いた日々の問題をリハビリに取り入れてくださり、本当にあの手この手を使い、一緒に悩み考え、喜び、悲しみ、ともに歩んでくださいました。

夫は、父や兄の見守りの下、実家で農作業の手伝いをしながら初めの三年間を過ごしました。三年後、実家がジェラート工房を開業することになり、私も仕事を辞め、お世話になった恩返しのつもりで夫とともに工房で働くことにしました。

ジェラート工房で夫は、カップと蓋のシール貼りを担当しました。作業自体は上手にできるのですが、進め方にこだわりがあったり、融通がきかなかったり、休憩をとることができなかったりで、日々、問題が起こりました。私が注意すれば怒りますが、同僚の言うことは聞くので、同僚が上手に夫にかかわってくれたことで助けられました。工房でも第三者の力を借りられたから頑張れたのだと思います。

事故から一〇年以上経ったある時、顔面神経麻痺になり三原市内の病院に入院しました。二週間の入院による点滴治療が必要と言われ、私は入院させることに不安がありましたが、夫は「大丈夫よ！」と言うので入院させました。入院当日は夜まで付き添い、帰宅してほっとしたところで、一一時過ぎに夫の携帯から電話がかかってきました。「わしゃ～どこへおるんやあ⁉　倉庫みたいな所で、帰ろうにも服もない‼」とすごいけんまくでした。私は驚き、慌てました。ナースステーションへ電話して様子を見に行ってもらうと、落ち着いたようでした。夫は、寝るまでは入院したことが頭に残っていたのに、ひと眠りして目が覚めたらどこにいるのかわからなくなりパニックになったのでしょう。この時は、高次脳機能障害を再認識させられました。私はその日朝まで眠れずに過ごしながら、退院させて通院で点滴を受けさせようと決めていました。しかし、翌日、主治医の先生が、「高次脳機能障害は大変だけど、病院のスタッフも頑張るから奥さんも頑張りましょう」と言ってくださり、入院治療を続けることができました。

病室では私が一日のスケジュールを書き、終わったら夫にチェックさせるようにしたところ、看護師さんがそれを見てくださって、点滴が終わると「次は歩くんよね！」と夫に声かけをしてくださいました。次から次と問題が起こりましたが、その都度、解決してはそれをノートに書いていきました。看護師長さんは毎日部屋をたずねて話をしてくださり、孫の名前を全員覚えるほどいろいろと気にかけてくれました。スタッフの皆様に感謝です。

また、地域の中で生活していくには、以前の夫とは違うことを皆に知ってもらい、力を借りないと無理だと思いました。元々の信頼関係があり、地域の人たちの人間性にも恵まれていたことは幸いだったと思います。

夫が一人で出かける際には、「前とは違って、何でもすぐ忘れてしまうから！」と会う人会う人にお願いをしました。障害を隠すという選択肢はまったくありませんでした。隠せるものでもなく、隠す方がしんどいと思います。「お願いします」「お世話になります」とただ言い続けました。町内会の組内の男性だけのメンバーで旅行があるのですが、私は「もう行かれないいな」とあきらめていたら、

「行けばええじゃ～連れて行ってやるよ！」と会の人が言ってくれました。この言葉は今も忘れられません。それ以外でも、運転できなくなった夫の送迎等々、地域の人の温かい心にただ感謝ばかりでした。

しかし、外見上は普通に見えてしまうこの障害ですから、年数が経つと声かけも次第に少なくなっていきます。しゃべれるから約束も普通にする、でもその場だけで忘却の彼方です。そんな頃、町の広報紙に高次脳機能障害を取り上げてもらいました。また、家族会の勉強会で話したことが新聞に載り、一七年以上経った今も障害と闘っていることを伝えることができました。おかげで「話せても忘れるんだ！」とあらためて理解してもらえました。最近はウォーキング大会に誘っていただいたことがうれしく、誘ってくださった方につい、私は「神様仏様〇〇様」と言ってしまいました。夫が健常者の時には何でもなかったことが、本当にありがたく感じます。

娘も息子も、周りの人たちに父親の障害を隠すことなく話していました。息子が学生の頃、大勢の友だちが家に出入りしており、夫の思い違いによるトラブルもありました。その時「これがお父さんの障害なんよ！」と息子は言ったようです。今でも親交のある息子の友だちは、接し方を考えて上手に対応をしてくれます。我が家に来た時は、夫も仲間に入って楽しそうに話しています。息子の友だちにも感謝です。

日々、いろんなことが起こるので、不思議すぎて、夫に「お父さんの頭の中に入って、見てみたいわ！」と私はよく言います。夫は「子どもじゃあるまいし！」とよく言いますが、簡単にできると思うことができなかったり、これはちょっと難しいと思うことが簡単にできたりするので本当に不思議です。記憶障害があるため、楽しかった昨日の思い出話もできません。楽しかった感覚が残っていても、それが何年も前のことだったり、何年も前のことが昨日だったりするので夫の頭の中の引き出しを整理したくなります。それ以外にも、この障害には「ああ言えばこう言う」という特徴があり、夫が理屈を並べ出したら止まりません。

私は決してよい妻ではありません。夫に腹が立ち爆発することがたびたびあります。これも時にはよい効果になったりもします。毎日毎日ストレスが溜まっていき、優しい妻ばかりだと死んでしまいます。時には「私ってなんてひどい妻なんだろう」と自己嫌悪に陥ったりもします。当事者が素直で従順だったら、当事者も家族もみんなハッピーになれると思うのですが、実際は、毎日が高次脳機能障害との闘いです。山あり谷ありですが、何でもない小さなことが大きな喜びになり、幸せを感じます。

私は夫の世話に早くから子どもたちも巻き込んできました。子どもたちも受け入れるまではいろんな思いがあったと思います。楽な日々ではありませんでしたが、子どもたちは二人とも三〇歳を過ぎ、今は一番の理解者です。地域にも隠さず、いろんな人の力を借りながら、ただ前に前に進んできたつもりです。前に進んでいたら必ず道は開けるものだと思います。

高次脳機能障害者も家族も孤独であり、不安の中にいます。障害への理解者が増え、輪が広がり、当事者・家族が安心できるよい支援の中で生活ができることを願っています。また、医療関係の方にも、病院の中だけでは見えない高次脳機能障害を、体験者の話から理解していただけるととてもありがたいです。そして、当事者・家族同士が交流することで、心が癒され、前向きな生き方を見つけ、少しでも幸せを感じられたらいいなと思います。

〈解説〉高次脳機能障害とは何かを教えてくれた師

本多留美（言語聴覚士）

松田克馬さんのリハビリテーションを担当するようになった頃、私は広島県立保健福祉短期大学（現県立広島大学）でリバーミード行動記憶検査の標準化作業に携わっていた。このため記憶障害については比較的勉強しており、事前に「軽い患者さんですよ」と聞いていたが、記憶障害が軽くはないことはお会いしてすぐにわかった。しかし、私の中で松田さんは「記憶障害の患者さん」であって、「さまざまな高次脳機能障害」の症状を次々と、教科書のように教えてくださる方とは当初は思っておらず、専門職として認識が足りなかった。今思えば、私も「高次脳機能障害」の実際をよく知らずにリハビリをスタートし、その都度、松田さんと家族に教えられ、目からウロコを落としながら一緒に歩ませていただいたという感覚である。

松田さん一家には、家族の温かさをいつも感じた。おおらかで飾らない皆さんと接する中で、私自身も正直に「わからないことは教えてもらえばよい」という姿勢を身につけることができたように思う。

松田さんには以下のような神経心理学的症状が認められた。

①記憶障害

初回評価では、リバーミード行動記憶検査でプロフィール点九点、スクリーニング点三点、その後若干伸びたが約一年後からは大きな変化は見られなかった。記憶障害は明らかだが、些細なことを意外なほど覚えていることもあった。また、時間の経過や前後関係の把握に障害があるため、正しく思い出して話しているように見えても、別のことを話している場合もあった。また、「自分が入院していることを忘れた」というエピソードに見られるように、時に周囲が驚く形で症状が現れた。

②遂行機能障害

神経心理学的検査では平均レベルの成績であったが、検査時の行動として「わからなくなっても確認しない」「一つのことだけにとらわれる」などの傾向が見られた。しかし、検査よりもむしろ日常生活場面において、「自分から始められない」、「いったん始めると止められない」といった遂行機能障害が目立った。記憶障害の関与もあろうが、行動の際に目的を意識することができなかった。目的を繰り返し教えても、どうしても頭に入らないようだった。このため行動全体が、「習慣でしている」

か「言われてしている」、あるいは「その時の目の前の刺激に反応している」格好となった。

③障害の自覚の困難

障害を自覚することは、一貫して困難だった。訓練の中で障害について学び、家族からも聞かされてきたため、問われれば自分の障害について説明できるようになった。しかし、本人が障害として実感できるのは、複視だけであった。さまざまな失敗を経験し、その原因が自分の記憶障害にあると理屈ではわかっても、身に沁みることはなく、他人事のようにしか感じられないようだった。

これ以外にも、注意障害、こだわり、依存性、暴言など、高次脳機能障害で見られやすい症状はいずれもあった。どう見ても温厚な紳士なので、家族会などでも暴言があるとは意外に思われており、私もわかるまでには時間がかかった。まれにではあるが、私とも言い争うことがあった。その時も、言葉遣いは丁寧で、粗暴な言葉を口にすることはなかったが、目つきが変わり、感情的な調子で相手の心をえぐるようなことを言った。

高次脳機能障害の症状は学んで知っていたが、実際の生活の中でどのような形をとって現われるかは、臨床場面で会うだけではほとんどわからない。これに気づかせてくれたことも、本当にありがたかった。妻の日記を読み、話を聞くことで、生活の場面での高次脳機能障害を初めて知ることができた。

私がリハビリを開始した時に、本人は毎晩日記を書く習慣がすでにできていたが、記憶障害のため記述内容が妻の話や日記と違っていることが多かった。そこで、午前と午後の二回、あったことを手帳に記録し、夜、それを見ながら日記を書くことにした。一日二回の手帳記入がなかなかできず、試行錯誤が続いたが、ICレコーダの定時に音声で知らせる機能を利用して、「手帳に記入してください」という指示をセットしたのが功を奏した。定時に決まった行動をとることを習慣化するためのよい方法であることがわかり、さまざまに応用した。しかし、ICレコーダだけでは不十分で、妻の声かけも必要だった。

初めの頃は、家族同様に私も、職場復帰の可能性を探っていた。その際大きな問題と考えられたのは、記憶障害の重症度よりも障害の自覚の乏しさや自己流のやり方へのこだわりで、このために復職をあきらめざるを得なかった。復職が無理なことやその理由を繰り返し学習してもらったが、これはつらいリハビリだったと思う。退職の事実を覚え、口頭で説明できるようになった後でさえ、「でも、できる気がする」と付け加えていた。だが次第に「でも、できる気がする、というのが違うんですよね」という表現になっていった。

リハビリでは、日常生活上の困難の軽減を目標に、その時々に必要なことがらの学習を行った。方法さえ工夫すれば、できることを増やすことができた。ただ、習慣化するまでには、妻の促しが必要であった。妻の日記のおかげで、生活の中で問題となっていることがわかり、リハビリの指針が立てられた。また、松田さんの心の状態もうかがい知ることができた。

比較的早期からリハビリに「短い文章を繰り返し書いて覚える」ドリルを導入した。「繰り返し書くことで覚えられるか」、「どの程度のメモで想起できるか」を探る目的で始めたが、ドリルは習慣化し、毎日決まった時間に行うことが、良くも悪くも一種のこだわりとなった。同じ文を毎日繰り返し書くことで、多少とも内容が頭に残るようだったため、私から松田さんへのメッセージを伝える手段としてドリルを活用することにした。学習中のことがある時はそれを補強する内容をメッセージとし、落ち込んだり被害妄想的になったりしているような時は、良い点を伝えるメッセージにした。本人が自分に言い聞かせるような文体で、一人称で書くと効果的だった。松田さんは「これは洗脳ですね」と笑いながらつきあってくれた。

高次脳機能障害をもつこと、とりわけ自己の障害を認識できない状況で、人がどれだけ不安な状態に陥るかも、松田さんに教えられた。

私は、「障害を実感できなければ、落ち込まないから本人にとっては楽では」と安易に考えていた時期があった。しかし、この状態は障害をもった直後だけである。障害を直接的に実感できなくても、障害をもって生活すれば、上手くいかないことに次々と直面するし、周囲の状況が以前とは違うことはわかってくる。「上手くいかなさ」を「障害のせい」と思えないということは、自己を許せず、自己に対して苛立ち続けるということになる（表面的には周囲の誰かのせいにされてしまうが）。松田さんの口からも、「仕事をしていない自分は下の下の人間」といった発言が聞かれたことがあった。また、「変わっていないはず」という自分の思いとは裏腹に、周りは違う。ところが何がどう違うのか、なぜそうなっているのかわからない。この状態は、普通に考えたら大きな不安を招くはずだ。

松田さんは、自分の障害を実感することの障害があったが、恐怖や危険を感じる部分は正常に保たれていたことを考えると、その不安は大きかったろうと思う。そんな中、松田さんにとって妻の存在が拠り所で、妻の気配があれば自分は大丈夫と思えたようだった。そのため妻への依存度が高かった。そして、依存するほどに、その相手に対してつらく当たってしまうという状況も、何となく想像できた。そこで、少し離れた方がよいのではと施設入所を提案したが、入所中に鬱状態になり、妻も体調を崩すことになってしまった。当事者の抱える不安を軽く見てはいけない、と考えさせられた。この件について反省することは多いが、妻からは「マイナスばかりではなかった、この時があるから今がある」との言葉を聞き、ありがたかった。

また、この施設入所を通して松田さんからもう一つ教わったことがある。当事者は、目の前にいる支援者に対し、「味方か否か」、「人として尊重しているか上から目線か」を鮮明に感じ取り、評価しているということである。当然ではあるが、支援者自身が人間性を磨く努力をしないと、支援者と認めてもらえないのである。

家族のその時々の思いには変遷があったと思う。しかし、「隠さずに伝えて、力を貸してもらう」という姿勢は一貫していた。これからも松田さん一家が「伝えていく」ことで、多くの高次脳機能障害をもつ人や家族が助けられ、世の中全体を良くしていく力になると思う。

第10話 夫と妻の心の旅

受傷後の記録

年	齢	経過
二〇〇七	54	10 クモ膜下出血を発症。 11 自宅退院し、外来リハ（理学療法士、作業療法士、言語聴覚士）に通院。
二〇〇八	55	1 仕事再開。
二〇〇九	56	2 外来リハ終了。 11 横浜市総合リハビリテーションセンターを受診。心理士による神経心理学的リハビリテーション開始。
二〇一〇	57	6 精神科受診。 7 家族グループ（通称ワルツ）に妻が参加。
二〇一一	58	1 就労支援課で職業相談開始。 5 精神障害者保健福祉手帳交付。 6 区が実施しているリハビリ教室参加開始。 9 新規就労。 11 「高次脳機能障害当事者と家族の集い」で妻が話す。心理士による神経心理学的リハビリテーション終了。

変わったと言われても……

美村恭平

病気になってから、「こんな症状も、あんな症状もある」と言われ、いろいろ比べられるのがたまりませんでした。自分の中では、「もしかしたらもともともっていたのかもしれない」という思いがあり、今回の病気で表に出たような気がします。

家族から一番言われたのは、怒りやすいってことでした。これについても「周りから言われるほど、そんなにひどいのかな」っていう思いがありました。今、働く環境も元気な時と違い、年齢が上の人が多いので、それなりに普通の会話がありますが、そういうのを見ていると、みんな気が短い、くだらないことで怒るし、「年齢が上がると怒るようになるんじゃないか」って思います。

今でもそんなに怒りっぽいということはないように思っています。自分は本当に頭にきたことしか怒らないと思います。「こんなことで怒るの」っていうくだらないことでは怒らないような気がします。子どもと母親が言い合いをしている時に、私が腹を立てると「また怒った！」って家族から言われましたけど、怒るのをみんな病気のせいにされるのが気分悪かったです。暴力をふるったこともありません。でも、イライラしないようにと、今も薬は飲んでいます。

言葉については、前ほどすらすらしゃべれない、言いたいことがぱっと出て来ないのは認めます。最近は妻に「会話がまともになっていないのにべらべらしゃべりすぎている」「表現の仕方がおかしい」と言われ、しゃべるのが嫌になりました。もともと話し上手じゃないから、口は重い方です。妻には「しゃべれなくなった」と言われますが、それはもともとです。自分ではそこまで変じゃないと思いますけど、今はそうなのかなと思います。そう思うのは、以前は、仕事の場では人前で説明したりできていましたから。今だったら逃げます。人前で話すのはつらいものがあります。

できていたことができないという自覚が、今はあります。病気やって（病院で）リハビリやっていたけど、その時はわかりませんでした。普通の生活（仕事をしている）の中で、周りや他人の中でもまれて、今は認めざるを得ない。例えば、今の仕事で新人が入ってきて教えなくちゃいけない時、前はスマートに教えていたけど、今はスマートに教えられません。

元々、建築現場の監督をしていましたので、仕事の格下げをすることが耐えられませんでした。でも仕方がない。（新しい仕事で）働いてみて、今はひどいっていうことがわかります。記憶力、計算能力が前と全然違います。（リハセンターに通っている時）働こうとしてテストを受けることを勧められました。自分では「絶対問題ない」と思っていたので、「結果が出たら、やっぱり障害はないってことが周囲もわかるだろう」と思っていました。当時は「今はただ休んでいるだけで、仕事に行けばバリバリ働ける」と思っていました。ところが受けた結果「無理」って言われたのをよく覚えています。今は、何かをやろうとした時に、わかります。「あれっ、こんなにできないの！」って思います。

病気になって、車の運転が止められ、一人で動きたいのに必ず誰かと一緒に動かなくちゃいけないっていうことや、働けないっていうのが一番つらかったです。

もう一つは、妻が義母の介護で大変そうにしているのを見ているのも嫌だったのかもしれません。今思うと、私と結婚する前にクモ膜下出血で倒れ、結婚した時から同居している義母が（自分よりも）妻から「ずっと一番大事にされている」という思いがあり、普段は我慢していても、「もう十分見た、こっちも病気をして、一人だったのが二人になって、俺は途中から……、もっと俺を大事にしてほしい」っていう思いがあったのかもしれません。それをうまく表現できない分、苛立ちもあったのかなと思います。

障害を「認めたくない」って意味なく突っ張っていた部分がありました。その時は、自分では理由があって突っ張っているつもりでした。でも今思うと、ただ「認めたくない」っていうことだったんだと思います。それがだんだん、あきらめの気持ちが出てきて、一〇突っ張っていたのが八に、七に、六になって少しずつ減って来ました。きっかけになったのは「リハビリを兼ねてなんかやろう」って動き出してから、今まで認めなかったものを認めざるを得ないっていうことが増えてきたことです。

「これとこれに障害がある」って人から言われても、本人はピンと来ません。認めたくないという気持ちもあるけど、人から言われたって実感としてわからないんです。だから、みんな、なんかやったほうがいいと思います。絶対に。「生（の経験）なんだよ」って思います。やってみれば、周りから言われるより本人にもストレートに入ります。やったあとで言われるのなら、ある程度入るかもしれですよね。

ないと思います。最初からこれとこれに障害があるって言われてしまうと入口で突っ張りたくなるんです。

今は元通りにならないっていうのがわかっているし、どんなに頑張ったって数字を覚えられないんです。聞いて記憶に残そうとしますが、数字の並びを一瞬で忘れてしまう。すぐ書かないと……。病気をする前、仕事をしている時は話し終わってからでも書けたのに……。今は相手が言い始めたら、「ごめんね。書くから」って言って書いて、それを必ず相手に確認する。そういうのが増えても、「歳のせいだよ」って、「病気してない人だってできない人がいる」っていう思いがふっと出てくる。

病気のせいって言われたくないのは、行動を制限されるからだと思います。「病気のせい」って言われると「俺は大丈夫、多分、すべて大丈夫」という気持ちになる。そういう気持ちが強い。

今はマンションのクリーンクルーを月・水・金と火・木・土と二ヶ所受けもっています。時間がある時には障害者スポーツ文化センター「ラポール」でフィットネスをしています。今の仕事は、前の仕事と一部分は同じなので、どうしなければいけないかわかります。それで、新人にもここはこうしなくちゃいけないとか説明すると、「わかりやすい」と言われます。前の仕事とは違うけど、仕事をできているのが救いです。

（インタビュー＆構成：山口加代子）

解決の糸口を求めて

美村翔子（妻）

その日は、突然やって来ました。ごく普通の楽しい家族の下に……。夫婦に子どもが二人、まもなく成人式を迎えようとする娘と、野球少年の息子、そして私の母との五人家族で慎ましくも楽しく生活をしていました。

週末の土曜日、娘の成人式の支度で買い物をした帰りでした。外食時、珍しく「ビールが美味しくない」と言い、早めに切り上げようと歩き始めた彼が、ずっと腰に手を当て、「何か痛みが走った」とつらそうに話していました。嫌な予感がし、血圧や熱を測り、病院へ行こうと誘いましたが、「大丈夫寝る」と床に就いてしまいました。私の胸騒ぎは収まらず、何度も血圧を測りましたが、特別な変化もなく、ただただ寝苦しそうな彼に病院への受診を促し、拒絶されて朝を迎えました。

野球の練習試合に行く息子を「頑張れよ、あとで応援に行くからな」と送り出すと、吐き気がきました。マズイ！　直接、脳神経外科に連絡を入れ、状態を伝え、ＣＴの予約を願い、車で病院に向かいました。クモ膜下出血でした。手術時間は、昼過ぎくらいまでの予定が、夜までかかりました。術後の説明の時、迷いましたが、子どもたちにも立ち会ってもらいました。実は、同居している私の母も過去にクモ膜下出血を発症していたからです。

術後説明の中で、癒着した神経を剝がすのに時間がかかったこと、そして努力はしたもののこれ以上の時間はかけられず断念したこと、それが今後どこにどのように現れるのか、今はわからないとのことでした。生命さえ助かってくれれば生きる努力ができると、執刀医に感謝しておりました。

ＩＣＵに運ばれた彼の手足をすぐさま家族の温かい手で「おかえり」「お疲れ様」とさすり、何日もそんな日が続きました。笑顔が見られたら帰ろうね。それだけでいいよね。それが、家族の合言葉でした。

目覚めの日がやって来ました。「朝起きたら、周りが若い女性ばかりでビックリした」とのハーレム談。早く迎えに来るようにと、本人から家に電話もくれました。急いで面会に行くと、ニコニコ待っていてくれました。その時点で、前と違うところはわかりませんでした。ただ、学校帰りに病院に寄った娘は、「私のこと自分の子どもだとは、わかってないみたい」と言っていました。「私にお母さんのこと自慢してきた」「何度も来るから他人じゃないけど自分の兄妹とか言ってる」との談もあります。息子とは、テレビで野球を観ながら会話を弾ませていました。この時の夫に、失語は感じられませんでした。

身体のリハビリは、順調に彼を回復に導き、自信ももてたようでした。作業も「何でこんなこと、やらせるんだろう」と、半ば呆れながらこなしていました。問題は、「会話には不自由が無いのに何がおかしいんだ」と、頑なに否定をしていた言語聴覚訓練です。この時の彼は、「俺が病気になったことを知らなければ何も問題がないのに、なぜワザワザほじくり出すんだ」と不愉快そうでした。しかし、訓練が進むにつれて、「できない？　出てこない……」とこの頃から、晴れていた空は少しずつ雲がかかっていきました。あの、目覚めの時の霧が晴れたスッキリ感が、今度は、ドンヨリと重く立ち込める霞の生活に入っていくようでした。

できないジレンマは、彼を蝕んでいきました。なんでこんなことがわからないのか、わかっているのに、声に出すと違う言葉が口をついて出る。混乱が彼を襲いました。だんだんと殻を作り、間違えるならしゃべらないとばかり、相槌を繰り返し、わかった振りをするようになりました。そして、自らの意思を決して曲げることなく、強い意思と意地とをもち、弱身を見せずに社会復帰を急ぎました。

急な入院、手術にはなりましたが、仕事に穴をあけることもなく復職し、無事に進めることができました。それは、几帳面というべきか、詳細な手帳とノートのおかげでした。この性格と正確さがなければできない細かい作業は、この後の彼を支える大事なポイントになりました。人任せでは譲れない気質が、早期の仕事復帰につながりました。しかし、これが大失敗。急がば回れでした。

通院で続けていたリハビリではできないことにイライラするようになり、彼を追い詰め、追い込みました。リハビリでくたびれ、帰りながらイライラを募らせ、帰るとスイッチが入り、爆発してしまう。当時、通院していた病院に、「こんな症状があって困ります」、「こんなに短気ではなかった」と伝えても、「元々もっていた性格でしょう」とか、「そろそろ歳も歳ですからね」と言われ、「高次脳機能障害では？」と尋ねても、「違いますよ。ご心配なら、精神科等行かれては」と言われてしまいました。発症後、腑に落ちない思いを抱えたまま、何とかしなければと暗中模索の中、最後の賭けに横浜市総合リハビリテーションセンターを訪ねました。

やっと否定の扉から、肯定の扉を見つけることができました。胸を撫で下ろし、新しい空気を感じることができました。ですが、すでにその時は、人生最大のピンチ、すべてが音をたてて壊れていました。心理の先生は、彼を彼として受け止めてくれ、まったく反対側の家族にも蜘蛛の糸を下ろしてくれました。まだ未知でしたが、糸の先に光があるんだ、と願いました。すがれる場所があること、寄り添う人がいることに期待をもちました。

しかし、その頃も彼はやはり、そっとしておいて欲しい、なかなか納得できない、反抗しても時々ストレスが発散できればくらいの時期でした。自我もピーク、俺様モードも全開、「何でもできる」「できないことは何もない」「お前が悪い、お前が居るからこうなるんだ」「あいつが悪い、大嫌いだ」「病気の俺を馬鹿にする」「ふざけるな」これが仕事で出てしまうようになりました。

この時期に、今でも最大の急所である、人の話が聴けないという難関が浮き彫りになりました。仕事のことなので、私も一緒に詫びに行ったり、生活のため何とかしなくてはと、彼の仕事のサポートをするようになりました。

これが彼のプライドを傷つけることになろうとは、その時は思いもせず、毎日朝から晩まで必死で仕事をサポートしていました。実際、それ程長い時間一緒に居ると見なくてよいものまで、見えてきました。彼の言葉にあった、「誰にでもある」「揚げ足を取る」といったことです。私はそれを見過ごせず、言葉で伝えても、「わかったわかった」で聞いてない。この繰り返しの日々が続きました。

こんな日々を二年程続け、心身ともにくたびれていました。彼をサポートするはずが、苦しめていたのですから。彼はだんだん、積極的に逃げ始めました。素晴らしい意思をもち、積極的にです。かなり困りましたが、彼は生きようともがいていました。「心理は俺の味方だ！」と思えば大胆に逃げまくる。だれが何と言おうが「面倒臭い」と背中を向ける。正面から伝えられることに拒絶反応がありました。

寄り添うことの大切さを、このあたりから感じました。彼は感情に波があったようにも思います。情緒不安定な日々が続き、「何でだ」「どうしてだ」「どうしたらいいかわからない」と涙し、それを口にする日がきました。心理の先生は、気持ちを落ち着けるための薬があることや落ち着くための方法を伝えて下さいました。高次脳機能外来を紹介され、感情のコントロールを薬で試してみることになりました。当然ながら本人は、「何が薬だ」、「こんなの効くわけがない」、「俺はまともだ」と反発していました。真面目な性格なので、シッカリ飲んではいましたが、最初の薬ではこれといった変化や効果は見られず、三度目で合う薬になりました。いまだに飲み続けていますが、眠気や飲む多さに一抹の不安はあります。薬の効果より、ここに行き着くまでの周りの方々の言葉や、アドバイスが何よりも良薬だと思います。

彼は、イレギュラーなことが起きると心も身体も頑なになりました。声かけやアドバイスも拒絶、家族では駄目な時がありました。そんな時、本人が信頼する専門家の協力は少しずつその扉を開いてくださったと感謝しています。

私は、私の母のこともあり、大分前から高次脳機能障害については、勉強していました。ラスク（脳損傷のリハビリで世界的に有名な研究所）の教えもあり、欠損のカバーを家族がサポートし、言葉が大事だと彼に伝える努力もしました。しかし、家族の言葉はなかなか聞き入れてもらえず、元々インテリの彼には専門家の言葉が最善でした。そのジレンマは家族を蝕み、笑顔が怒りに変わった彼にほとほと疲れてくるようになりました。そんな時、また一から高次脳機能障害について理解をするための家族向け勉強会にめぐりあいました。この会はまさに、めぐりめぐって行き着いた、私の居場所となりました。そこでは、振り返りと、いざという時の対応を深く考えることができました。

長い闇から彼を救うのは、優しい言葉ばかりではありませんでした。「他人は言いたいことを言う」「俺は一人だ」「早く死にたい」と、自暴自棄にあった彼は、「運転したい」と言い、家族から「駄目」「無理」「何かあったらどうするの」と否定の雨を浴びせられました。心理面接でそんなことを話すと、就労支援課で行われている職業検査を勧められました。結果は無念なものでした。彼の「頭の良かった」という記憶が、検査の結果を受け止められるはずもなく、彼は荒れました。勿論、涙も流しました。「でも、何で、どうして」ではなく「できない！」「仕方がない」と、すでに落ちるところまで落ち、これ以上は落ちようがないと、何かを受け入れたようでした。この頃から、少しずつ何かが変わり始めました。ノートやメモも自ら行い、自分と向き合ってはガックリしていました。

「高次脳機能障害、俺には関係ない」と言いながら、できないことを減らす努力を始めました。パソコンなどで苦手な部分を鍛えていたようです。わずかでも自分に向き合っていたこの頃、いろいろ試していました。ジムに通ったり、山登りにいったり、面と向かって話されると拒絶しますが、景色が違うと穏やかになり、少しずつ何かをしないとと考えているようでした。当事者と家族のためのセミナーなどにも足が向くようになり、障害も「思い当たるよ」と話すようになりました。

就労適性、高次脳機能障害セミナーなどで客観的に自分を見ることができてきたようです。長く暗いトンネルの中で、少しずつ光の方向に移動しているかのようでした。自分の過去や病を振り捨て、少しずつ新しいスタートラインを求めるようになりました。まったく、自分のことを知らない人々の中で、だれにも頼らず、だれにも悟られず、今までと違う自分として生きていく……。失敗をしないようにメモを取り、感情的になりそうな場面は回避、面倒臭いことはしない。

一人で行動してくれることに、妻としては休息を感じます。弱音を吐かず、雨の日も暑い日も、真面目に出かけます。体調不良の時でも、出かけようとするのは困りますが。「電話で話すのが嫌だ」と一年前は言っていましたが、電話で話す抵抗感は減ったようです。一人で行動が原則、公共機関を使用、余計なことは言わないんだそうです。今の職場もかれこれ二年目になりました。今では、頼りにされているようです。

〈解説〉当事者と家族は

山口加代子（臨床心理士）

美村さんに生じた高次脳機能障害の症状は、交叉性失語（通常と異なり、右手が利き手の人に右脳損傷で失語症が出現すること）ということが幾分珍しいが、それ以外の症状は決して珍しいものではない。しかし、美村さんは私の心に残る患者さんだ。というのは、約二年の神経心理学的リハビリテーションにおいて、機能的アプローチや代償手段へのアプローチよりも、美村さんと美村さんの奥様に対するカウンセリングに充てた時間が圧倒的に長く、そしてその時間の中で、当事者の思いと家族の思いをうかがい、それぞれの思いから多くを学ばせてもらったからだと思う。

初めてお会いした時、美村さんは奥様に勧められて私の勤務する横浜市総合リハビリテーションセンターを受診したものの、受診そのものを納得できない様子で「自分では必要がないと思う」と、来室が不本意であると訴えていた。

しかし、そんな美村さんに病気をしてから以前と何が違うか尋ねたところ、美村さんは「以前とまったく違う」「話す・考えるのが億劫」「物・人の名前が思い出せない」と述べ、私が高次脳機能障害についてリーフレットを見せつつ説明すると、「（リーフレットの記載が）すべて当てはまる」と述べた。

傍らの奥様は、「前院で脳外科の医師に高次脳機能障害ではないかと尋ねたが、その都度『そんなことはない』と言われ、それが本人に残ってしまった」と述べた。つまり、奥様は「美村さんは自分が高次脳機能障害だと思っていない」「自分のことがわかっていない」と私に伝えたかったのだと思う。

それに対し美村さんは、「妻にすごい言われる。ストレス溜まる」「認めたくない気持ちもある」と、美村さんと奥様の思いがぶつかっていた。そのぶつかりを何とか解決していくことが心理士の課題だと思ったのを覚えている。

美村さんは、初回でこれだけのことを語りながらも、障害をなかなか認められず、奥様の美村さんに対する期待もなかなか変わらず、それぞれの相手に対する陰性感情が変化するのに二年かかった。しかし、二年かかって、美村さんは「以前とは違う自分」を理解し、受け入れ、新たな選択をした。また奥様も家族が高次脳機能障害になったことのつらさを乗り越え、美村さんを理解し、受け入れ、美村さんとともに前を向いて歩いていくことができるようになった。

こうした美村さんと奥様の軌跡をたどることで、高次脳機能障害の当事者と家族の思いを記したいと思う。

美村さんには、以下のような神経心理学的症状が認められた。

①失語症

美村さんは倒れた直後にリハビリを受けていた病院で「失語症　軽度～中度」と判断された。美村さんには換語困難があり、「言葉がスムーズに出てこない」という症状があった。言いたいことにぴったり合った言葉を見つけられず、違うことを言ってしまうという錯語もあった。

美村さんは「言いたいことがぱっと出て来ない」ことに関してはその自覚があった。しかし、失語症の方によくあることだが、「話す」だけでなく相手の言っている言葉が長かったり聞き慣れない際には、スムーズに理解できないという症状も生じており、美村さんに神経心理学的検査を実施すると、指示内容を正確に理解できないことが目立った。例えば、ＢＡＤＳ（遂行機能症候群の行動評価）という検査を実施すると、一度言語提示しただけでは理解できず、二度提示して「わかった」と本人は言っても、理解できてない様子が見られた。この状態では、当時美村さんが自営でしていたリフォームの仕事で、受注者から電話で注文を受け、受注内容を正確に遂行するのはきわめて困難だろうと思われた。

②注意障害

多くの右脳損傷の方には注意障害が見られる。美村さんにも注意障害があり、特に同時に二つ以上のことを行う時に、見落としやり残しが多かった。「かなひろい」という検査では、指定された文字だけを拾う際には年齢相応の注意力があり、見落としも二文字ときわめて少なかったが、文章を

「読みながら」という同時処理を求められると、途端に拾える文字が半分に減り見落としも多くなった。

美村さんがしていたリフォームという仕事にはいくつもの作業を完璧にこなすことが求められるが、美村さんは完璧に仕上げたつもりでも、実際は完璧に仕上げられておらず、美村さんは完璧に仕上げられていない所に注意が向けられていないためそれに気づかず、気づいてしまう奥様とぶつかってしまうことがよくあった。また、受注先からも指示内容通りでないとクレームが来ることが重なり、だんだん受注が少なくなるということが生じた。

注意障害がある方によく見られることだが、相手の言葉の全体に注意が向けられないため、その一部分にこだわり、一部分からご自分なりの思い込みを形成することが少なくない。美村さんも例外ではなく一つのことにこだわりやすく、他に注意を向けられず、周囲が求めていることに注意を切り替えられない様子も見られた。そんな美村さんがこだわっていたのは「自分は（病前と）変わっていない」という思いだった。

③記憶障害

ＲＢＭＴ（リバーミード行動記憶検査）という検査をすると、二四点満点中の一四点で、記憶障害としては中等度と判断された。特に、すべきことを覚えておいて、その時になったらタイミングよく想起するという展望記憶に弱さが認められ、実生活上でし忘れが生じることが推察された。

心理面接ではノートを開くと一ヶ月がカレンダーのようになっているスケジュール帳に予定を記載するよう助言した。もともと几帳面な美村さんはそこに予定をきちんと書き、確認できたため、仕事に関するスケジュール管理は支障がなかった。しかし、家庭生活ではいちいちメモを取らないため、家族が「忘れている」と思うことは多々ある状況だった。

④前頭葉症状

遂行機能障害の検査（ＢＡＤＳ）をすると、言語提示を事前に確認したにもかかわらず、行動し始めると提示が抜ける様子が見られた。検査終了後、提示を確認すると「聞いていない」と述べ、短い時間、記憶を保持しておきつつ他の作業をすることが困難な様子が見られ、ワーキング・メモリーの低下があると判断された。また、ＢＡＤＳのいくつかの下位検査で非効率な方法を繰り返す様子も観察され、計画を立て、効率的に実施するという遂行機能に障害があることもわかった。

思考の柔軟性の欠如や自分の状態をモニターできないというセルフモニタリングの低下も生じており、自分の状態を客観的に見つめることが難しかった。

⑤易怒性

前頭葉のダメージのある方で易怒性を生じる方は少なくない。美村さんも易怒性を生じていた。しかしご本人は今回のインタビューで、「周りから言われるほど、そんなにひどいのかな」と述べ、おそらく本人にしてみれば「怒ってばかりいるわけではない」と思っていたのだと思う。しかし、家族は、「何でそんなことでそんなに怒るの」という思いが強かった。このずれは美村さんが自分の状況を客観的に見ることが苦手になっていたことと、家族の側からすれば美村さんの怒りは最も家族に影響を与えてしまう行動だったことによると思う。

美村さんは面接で「何を言われても『あんたがおかしい』と聞こえる。（自分のことを）言われるのがだめ。褒められても、馬鹿にされても」と語った。美村さんは、病後、自分が以前の自分とは異なることに気づいていたものの、それにふれられることに過敏になっていた。奥様と一緒の面接場面では「また言われるんじゃないか」と身構え、不機嫌になる様子が見受けられた。美村さんの頭の中に絶えず「自分が以前の自分でないと認める＝仕事ができない＝一家の主として立つ瀬がない」との図式があったからだと思う。だから周囲から「（病）前と違う」と言われたり、言われないまでもそう思っているのではと美村さんが思うと、怒りのスイッチが入るという状態だった。その一方で美村さんの心の奥底には「こんな自分は家族に受け入れられないいんじゃないか」という不安もあったように思う。

また、「言われたことで頭がいっぱいになり、他のことが入らない。流せなくなっている」という美村さんの言葉からは、失語症があり、相手に言われたことを解読するのにエネルギーを使うとそれ以上のことが入って来ず、その段階でイライラされる様子およびイライラが生じると感情を切り替えられない様子がうかがえ、イライラし、それが持続してしまう背景には失語症や注意容量の低下、感情の切り替え困難もあることがわかる。心理面接の場面ではこのメカニズムをご本人にわかりやすく伝えるとともに、対処法として環境調整を助言した。具体的には「仕事の時には妻と思わず、マネージャーと思う」「妻と別々に行動する」ということだ。つまり、病前は一人で何から何まで仕切っていたリフォームの仕事に関して、復職当時は受注先との交渉、現場への送迎、仕上がりの確認などすべてに妻の支援が必要だったが、美村さんはそれが受け入れられず妻とぶつかっていたので、「現場では妻ではなくマネージャー」と思うよう助言した。試みてはみたものの思考の切り替えが困難な美村さんにとってこの方法はきわめて難しかったため、「妻と別行動でできる仕事」「自己有能感をもてる仕事」に就くことを助言した。同時に服薬での易怒性の改善も助言し、精神科の受診を勧めた。服薬内容は変わったが、美村さんは現在もデパケンを服用している。

⑥右脳症状

右脳は相手の表情を読んだり、表情や身振りで何かを伝えたりという言語以外のコミュニケーション（非言語コミュニケーション）を司っている。美村さんは右脳損傷により家族の気持ちを読むのが苦手になり、伝えたいことを家族の気持ちにも配慮しつつ伝えるのが苦手になっていた。失語の影響もあったと思うが、「そこでそれを言っては……」と家族が思う発言も多かった。

また右脳損傷では、自分の病態を実感できにくい病態欠落という症状が生じることがよくある。美村さんは前頭葉損傷によるセルフモニタリングの低下と右脳損傷に伴う病態欠落により、自分の現状を認識するのが困難だった。

面接では美村さんの思いを聴きながらも、美村さんが少しずつ自分の状態に気づき、受け入れられるよう言葉を返していったと思う。そんな時間を経て、美村さんは、心理士によるリハビリテーションの終了間際に、当時年四回開催していた「高次脳機能障害当事者と家族の集い」のスピーカーとして妻が壇上に立つことを了解し、その後の心理面接で「昔のことができると思っていたらとんでもない。（自分のことや家族の大変さや思いを）わかっているつもりだったが、実際にはわかってなかった」と話し、家族の思いについても配慮しようとするようになっていった。

今回のインタビューで、美村さんは「病気になって（病院で）リハビリやっていたけど、その時はわからなかった」と述べた。発病からちょうど二年経った心理面接の初回時に妻がいる場面では自分の症状について話したものの、その後の美村さんだけの面接では「（周囲から）言われるけど、実感がない。認められない」と繰り返した。

美村さんは、検査や注意課題をした際にうまくできないとつらそうな表情をし、検査や課題を実施することでできないことに気づく、しかしそれを「そうかもしれないけど、それはたいしたことではない」と意味づけ、頭の中でその考えを繰り返し繰り返し自分に言い聞かせていたように見受けられた。なかなかこの考えを変えられないのは、失語症により言語による思考が限局されていることと前頭葉症状による思考の柔軟性欠如によると思われた。しかし、それと同時に、「俺は大丈夫、多分、すべて大丈夫」というように、自ら「大丈夫」と思うことで、自分の心を支えていたのだと思う。つまり、認知面では失語症や前頭葉症状や右脳症状が美村さんの思考を変化させにくくさせていたが、感情面では「大丈夫。仕事はできる」と思うことで、自己有能感や家族の中での存在意義を保とうとしていたのだと思う。きっと障害をもたれた方が障害に気づき、受け止めていく過程は、美村さんと同様の思いで逡巡することが少なくないと思う。

美村さんは心理士に自分の思いを語る中で少しずつ障害を受け止めようとしていったが、今思うと、美村さんが障害を受け止めて行く過程で、背中を大きく後押しをしたきっかけが二つあったと思う。それは、心理面接の場面で他の高次脳機能障害の方と二人で話し合うという経験をしたことと、職業検査を受けたことである。他の高次脳機能障害の方と話し合った後、「話せなかった。言葉が出てこなかった」と言い、それまで渋っていた職業検査を受けるという決断をした。職業検査終了後は「いろんなことやったけど、すべて難しかった。時間が足らず、途中で終わっちゃう。指示を把握するのに時間がかかる。単純作業しかできないと思った。仕事の流れがわかればやれそうな気がした」と述べ、検査を受けて実感したことを真摯に受け止めていた。

その後、精神障害者保健福祉手帳を取得し障害者枠での就労をめざし、住んでいる区で実施されているリハビリ教室に参加する、障害者スポーツ文化センター「ラポール」に足を運ぶなど、すべて初めは抵抗があったと思われることを受け入れていった。まさに「認めたくないっていう気持ちで一〇突っ張っていたのが八に、七に、六になって少しずつ減って来た」。つまり、「自分には障害がある」

と認める気持ちが〇から二、三、四と増えていったと思われる。

奥様は初回の面接で「笑顔でいてさえくれれば介護できる。怒らないでほしい。それだけ」と述べ、注意障害や記憶障害よりも易怒性に対する困り感がとても強かった。それまで和やかだった家庭が、美村さんがピリピリし、怒りスイッチが入ってしまうと感情をなかなか切り替えられないためにぎすぎすした雰囲気になることは、奥様にとってつらいことだったと思う。

美村さんには失語症や右脳症状があったので、病前だったら怒っても使わなかったような言葉を口にした。美村さんは相手の言葉を聞きたくない、相手に言わせまいとする気持ちが高まると、適切な言葉を見つけられず、「相手の言葉を封じたい＝強い言葉＝暴言」という現象を生んでいたと思われる。

心理面接の中では奥様の思いも傾聴しつつ、このメカニズムを奥様に伝え、本人の気持ちを代弁するとともに、一度に与える情報量を少なくするなどの助言を行った。

奥様は「よくなってほしい。そのためには障害に気づき、気をつけてほしい」という思いが強かったと思う。家族としてはもっともな思いだが、美村さんは障害に気づき受け入れていくことと同時に、注意障害のために「気をつけること」そのものが困難なため、「今の自分」に対する理解を進める必要があった。

奥様への個別面接と並行して、家族のための集団での心理教育プログラム（通称ワルツ）に参加することを提案した。このプログラムでは高次脳機能障害や高次脳機能障害の方の社会参加についてなどの心理教育とともに、騒音の中でメモを取るなどの高次脳機能障害の模擬体験を盛りこむことで、当事者の方が感じることの一部を疑似体験できるようにしている。

奥様はワルツでの他の家族との交流を経て、「自分だけじゃないというのが何より大きかった」と語った。また、心理士によるリハビリテーションの終了間際には「欲（良くなってほしい・頑張ってほしい・できるはず）がある時はだめなんですね～」という言葉も聞かれ、家族としてもって当然の「欲」ではあるが、その「欲」故に美村さんとぶつかってしまっていたということを理解し、「欲を捨てて実を取る」ことができるようになった。

今回の執筆を依頼した際、美村さん奥様ともに、すぐさま、快く引き受けてくれた。二人ともご自分たちが通った道を示すことで、後に続く方たちの「お役に立てば」と述べた。

家族だから「相手がどう思っているか」をよく理解できるわけではない。むしろ、家族だからこそ、それぞれの思いがあるからこそ、「相手の思いを受け入れられない」ことや、「自分の思いを変えられない」ことも生じると思う。二人の語りが高次脳機能障害の当事者とその家族の役に立つことを願うばかりである。

第11話　それでも人生は続く

受傷後の記録

年	齢	経過
一九九九	27	12・7（大学院博士課程在学）、交通事故による脳外傷（自家用車運転中、交差点で衝突される）。救急病院に搬送後、広島大学附属病院に転院。
二〇〇〇	28	3北海道に帰り、北海道大学附属病院に入院。
		11柏葉脳神経外科病院にリハ通院。
二〇〇一	29	2北海道立心身総合相談所にて、小集団言語療法。
二〇〇二	30	1小規模作業所コロポックル（現クラブハウスコロポックル）通所。
二〇〇四	32	4Y専門学校入学。
二〇〇六	34	3Y専門学校卒業（決まった通所先のない時期続く。この頃聴力に変調の訴え）。
二〇一〇	38	11父死去。
二〇一一	39	就労継続支援B型事業所Eに通所開始（一時他事業所を利用するがその後復帰、現在に至る）。

木原崇博氏の来し方を振り返って

原田圭（社会福祉士）

この記録が他の方たちの記録と異なるのは、家族の立場で語るべき母が一九九九年（本人の事故の一ヶ月前）、父が二〇一〇年に亡くなられていることである。しかし、崇博氏の事故直後より父は日記で入院中から退院後一年の様子を記録したほか、裁判記録はもちろん、新聞や雑誌の記事、医療・福祉関係者による講演までをきちんとファイリングして残していた。また、通院リハビリ（作業療法、言語療法）を病院と北海道立心身総合相談所にて受け、同時に作業所コロポックルに通っていた二〇〇二年～二〇〇四年の間、「連絡ノート」を本人が持ち歩くことで、各機関のリハビリスタッフと作業所指導員、父の間で情報をやりとりし、本人の日々の様子をいわば二四時間共有していた。

崇博氏が二〇〇四年に専門学校に入学した後は、リハビリが終了したこともあり、連絡ノートは終了。この後、初期のような詳細な記録は残されなかったものの、父は亡くなるまでＮＰＯ法人脳外傷友の会コロポックルさっぽろの役員を勤められたため、崇博氏の動向は作業所スタッフにも伝わってきていた。父亡き後も崇博氏はコロポックルさっぽろ友の会の会員であり続け、生活上の困りごとがあると、副代表のＳさんに相談している。

父の「語り」について

前記のように、多くの記録を残した父であるが、日記、連絡ノートを含め、ほとんどがあまり感情を交えない「記録」に徹しているのが特徴で、「語り」と言えるものが少ない。

「語り」に近い内容として残っているのが、二〇〇五年に当時学生だった作業所スタッフが卒論制作のために父親にインタビューした逐語録、および二〇〇八年にコロポックルの一〇周年記念誌での役員座談会に父親が参加した時の発言である。それぞれ、本人が直面している困難について、かなり率直に心情を吐露していると思える。

本論の構成

そこで、やや変則的であるが、崇博氏の受傷後の時期を（1）事故～通院リハビリ期、（2）転換期、（3）父の死以降の三つに大きく分け、それぞれの時期について経過を示し、（1）では日記や連絡ノートから父のみではなく参加したリハスタッフの記録を引用、（2）ではインタビューと座談会における父の「語り」を再構成、（3）では本人の現在の思いを書き下ろし原稿の形で載せることとする。

（1）事故～通院リハビリ期――一九九九年一二月～二〇〇四年三月

事故当時、崇博氏はK大学大学院博士後期課程に在学。専攻は、理学研究科物理学・宇宙物理学、

専門分野は原子核物理学（ビーム物理）であった。指導教官が広島大学に異動したため、本人もK大に在籍のまま、広島大学へ特別研究学生として移っていた。二〇〇〇年の三月に向け、博士論文がほぼ完成している段階だった。また、日本学術振興会の特別研究員（DC）に採用され、博士課程終了後の特別研究員（PD）の採用決定通知を受けていた。アルバイトとして予備校の講師も行っていて、教えることは好きだったようである。

一九九九年一二月七日午後一一時頃、広島県東広島市の広島大学駐車場を出て帰宅途中、T字型交差点にて右折しようとした際、交差点中央付近で右側から来た相手車の左側面に衝突、押し戻される形で交差点左手前の歩道に乗り上げ停車。意識のない状態で救急病院に搬送される。翌日広島大学附属病院に転院。一次性脳幹損傷、びまん性軸索損傷、外傷性クモ膜下出血の診断。

父は休みをとって駆けつけ、ホテルに泊り込んで看病する。事故直後から、病院には二つの大学の指導教授、学友が数多く見舞いに訪れ、本人の人間関係の広さがうかがわれた。父は、指導教授からは大学での本人の活躍ぶり、復帰後の希望に満ちた見通しについて聞く。一方で、医師からは脳幹部に損傷のある恐れを聞くが、その後の見通しについて具体的なことは聞かされていない。

二〇〇〇年一月一八日〜三月二一日、広島県立身体障害者リハビリテーションセンター入院。理学療法、作業療法の訓練のほか、本人の希望により、父が病院の許可を得てパソコンを持ち込み、ゲームなどを行っている。大学は半年間の休学とした。

二〇〇〇年三月二二日〜六月二二日、北海道大学附属病院に転院。父も北海道に戻って仕事に復帰したため、本人につききりではなくなる。そのためか、この間の本人に関する観察や所感はほとんどない。「パソコンを持ち込み、修士論文を打ち込んでみている」などの記述がある。

退院後、父は本人を連れて広島を訪れ、恩師や友人と面会している。この時点では、病院から後遺症や予後についての説明はまだ受けていない様子。主治医からは、「事故前に近い環境に戻ることが望ましい」「北大の工学部で研究を続けてはどうか」と提案される。

二〇〇〇年一一月一七日から柏葉脳神経外科病院にリハビリ通院する。北大の主治医からの紹介で、リハスタッフが充実しているから、との理由だった。作業療法、言語療法を開始する。

二〇〇一年二月二三日から北海道立心身総合相談所（以下、心身相）にて、若年の脳外傷による高次脳機能障害者二名での小集団言語療法を開始する。実施の目的は、個別訓練では対応しきれない「社会性へのリハ」を目的としたものだった。八月から、柏葉脳神経外科病院のK言語聴覚士（以下、ST）による発案で、「連絡ノート」が開始される。

ＫＳＴ：担当者同士で話し合って、連絡帳を作ることにしました。訓練時の様子や問題点など、その都度お知らせしようと思いますので、おうちでの過ごし方なども教えていただけたら幸いです。／ここ数週間、（心身相の）ＴＳＴと協力して日課表作りをしてきました。／「約束や、自分でやる、と言ったことは必ず守ること」というのも、当面の訓練課題にしています。

九月六日

父：この連絡ノート、私にとってはとても有り難く思います。地下鉄の時には、ノートを常にカバンに入れて、行き帰りに時々寄る喫茶店でメモ（日記）をつけていたのですが、春になって自転車通勤となってからは、メモを取らなくなっておりました。

二〇〇一年一二月に作業所コロポックルを見学するも当初の本人の反応は今ひとつ。感想レポートをＳＴに提出している。

二〇〇二年一月一〇日

ＫＳＴ：コロポックルの件は、仲間づくりや生活面でのリハビリから認知面へ働きかけるという点からは早い方がいいとは思いますが、まわりがあせっても仕方ないかもしれませんね。／ただ、前回のレポートを見て思うのは、何かを経験したとき、事実をうまく整理・分析できずに情緒的な印象が先に立ってしまい、判断が客観的にならないということです。この点、何らかの形で、トレーニングできれば、と思っています。

結局、一月から作業所コロポックルへの通所を開始することになる。同時期、Ｋ大学の恩師の紹介で、北大工学部のゼミを受講する話が進む。この件に対して、リハスタッフからは疑問を呈される。

二〇〇二年一月一七日（父へのメール）

ＴＳＴ：北大のゼミに関しては、参加して得られるものの予測がつかないため、積極的には賛成しません。／回復されていることは事実ですが、こちらの指示や話の内容が正しく伝わっていないことが度々見られます。／また、今の学力はどのくらいでしょう。現場から離れて三年近く経っています。通常なら、そのことに不安を感じ、相応の準備をすると思うのですが、何のゼミですかと伺っても「わかりません」で話が終わってしまいます。／崇博さんの現在の能力には随分とばらつきがあります。落ち込んでいる部分はちょっと会っただけでは判りづらく、訓練場面では毎回、新しい発見があります。

二〇〇二年四月から北大ゼミに通うものの、三ヶ月で断念することになる。

二〇〇二年六月一一日

父：昨日六月一〇日は北大ゼミでしたが、止めようかと考えているようです／だんだん難しくなってきてついていけなくなってきたこと、崇博がいるために学生に迷惑となっているらしいこと、テーマが物理系でないことなどが理由のようです／英文も単語はわかるのだが文の構成や全体の意味等がわからなく、訳すことができないのだそうです。

作業所コロポックルへの通所は継続し、親しいメンバーもでき、就労準備訓練（ビル掃除）にも参加するようになり、順調に通所しているように見えた。しかし、二〇〇二年の秋ごろから新しい通所者が増えて環境が変わり始めたことにより、「何だかどうしたらいいのかわからない」という発言が言語療法の場で聞かれる。この頃から、家でイライラして大きな声を出すなどが報告されるようになる。心身相のリハビリが二〇〇二年六月に終了したこともあり、新しい活動場所を探すことも試みられたが、なかなか進まなかった。

この頃、父は訴訟を進めるため精力的に関連分野の講演会に出たり、専門誌の資料を当たったりし、本人の後遺症の深刻さを痛感することが多かったようである。

二〇〇三年二月（父から作業所への手紙）

ＷＡＩＳ-Ｒの見方をＫ先生に聞いていたときには感じなかったのですが、検査結果から読み取るべき崇博の現状についてあらためて考えると、暗澹となりました／他の項目が改善しているのに、動作性の「符号」は一向に改善されていない現実について、父親としてもっと早く気づくべきでした／全体によくなっていることばかりに気が行ってしまって、検査項目間のばらつきをきちんと捉えていなかったような気がします。

二〇〇三年三月、休学していた大学を退学する。

この前後、作業所のメンバーの入れ替わりもあって、違和感、不満が多くなる。リハビリの曜日が変わることに関して長くこだわり、「病院や作業所の都合のシワ寄せが自分にきている」と双方のスタッフに不満をぶつけたりしている。「先が見えない」「目標が見つからない」と言うことも多くなる。

二〇〇三年一一月七日、ある「事件」が起きる。作業所に行く途中で忘れ物に気づいて戻る途中路上（駐車場入口）に停車している車を見て腹を立て、故意にミラーを倒して逃げようとした。車の持ち主に見つかって言い争いになり、警察を呼ばれる。警察からは「手を出した時点で加害者になってしまう」と諭され、納得して相手に謝罪し、その場はことなきを得たが、後日作業所に提出された「反省文」では、「相手が止めてはいけない所に止めていたのが悪い」とあった。STには、「自分の障害の原因が車の事故だったので、車のルール違反が許せない」と理由を語っていたという。

今後の進路として、障害者職業センターの利用、もしくは発達障害の青年を対象とした専門学校の利用という選択肢が提示され、見学や体験入校を経て専門学校を選択する。この時点で作業所コロポックルの利用は中断することになり、リハビリも、役割を終える段階との医師の判断で終了となる。

（2）転換期――二〇〇四年四月～二〇一〇年一一月

専門学校は二年間の課程で、一年次はコミュニケーションなどの社会技能訓練に重点を置き、二年次は卒業後の就労に向けた体力づくりを中心とするプログラムであった。社会技能訓練は病院でのリハビリの延長上のような内容で、違和感はなかった様子である。当初危惧された年下の学生たちとのギャップもそれほど問題はなかったようで、グループ活動などではリーダー的な役割を果たすこともあった。一年次の後半に一週間の職場実習（クリーニング工場）があるのだが、ここで挫折を体験する。

（二〇〇五年父へのインタビューより）

（専門学校の職場実習について）あれからだいぶ落ち込んでた／一週間の職場実習に耐えられなかった。実際は一日しかダメだった。／いきなりクリーニング工場でアイロン掛け／環境をもうちょっと整えてから出さないと無理／職場実習のときは、学校の先生がそれぞれの工程に一人ずつついていくのかと思ったんだけど、本人に聞いたら全然違う。

この時の体験は将来の職業イメージをかなり制限することになった。二年次の進路相談で、「立ち仕事は無理」「大学時代に経験した、教える仕事なら」との希望を口にしたので、卒業後、この専門学校で在校生にパソコンの授業の助手（TA）をボランティアで行ってみることになる。

同じタイミングで、北大病院に一ヶ月の検査入院をすることが決まる。この頃から気分の変動が激しくなり、何事にも無気力であるかと思うと躁状態になることの繰り返しが見られるようになる。入院中、同室の患者と言い争いになったというエピソードがあり、退院後からのTAのボランティアは落ち込んだ状態での開始となった。専門学校の夏季休暇中には、店の前に止めてある自転車に腹を立てて倒し、持ち主に追いかけられる「事件」があったりと変動は続き、夏休み明けの授業開始後、服用した薬の影響で眠気が強くなって、ＴＡの最中に教室の後方で居眠りをしていることもあった。結局ＴＡにやりがいは見出せず、一年で終了となる。

その後作業所コロポックルに通所を再開するがなじめず、たまに来てはまたしばらく姿を見せないという時期が続く。

（二〇〇五年父へのインタビューより）

（他の施設：コンピューター関係の仕事で授産をしている所の見学をして、「できると思うか」との問いに）いや、無理だと思ったね。単純な入力だとかの仕事だったらできるけど／コロポックルのホームページ更新してるでしょ、あくまでも毎月更新をしてるだけで、工夫するとかいう要素はまったくないでしょ。だから、あの子の能力っていうのはあれが限界／パソコン得意って（本人は）言うけど、やっぱり社会に出ている人からみたら全然／よっぽど本人に（対して）理解があって、教える人も時間的に余裕あって、きちんと指示もできれば別だけど。

（目標が見つけられないことについて）そうなんだよねー。実際に働いたことないでしょ。バイトはやったりしたけど、それも予備校とかだからね。仕事でも色んなのあるっていうのがね、どうもいまいちピンとこないっていうのか。どちらかというとエリート的な道をやや順調に歩んできてるもんだから／時々言ってたけれど、「俺は兵隊の仕事をするために生まれたわけじゃない」と／だけどこれからのこと考えたら、兵隊の仕事しか、それとお前の能力からしたら兵隊以下の

「へ」の字にもかからない仕事しかないぞって思うんだけど／まあそこまで本人に厳しく言うのも……でもいずれは言わなきゃいけないけど／単純労働っていうか、掃除とか皿洗いとか、そういう仕事に徹するんだったら、探せば探せないことはないような気はする／だけど本人はそういう仕事でいいから就職したいっていう気持ちにはならないしさ。

（今後の生活について）どうしたらいい～⁉　本当にどうしたらいいのかと思ってね。簡単に就職はないし。どこいっても中途半端なんだよね。結局は、もう少し時間が経たないとだめなのかね／親なき後ね……なんとも言えないね。今後、本当にどうしたらいいのかね／やっぱり何かあった時に相談するとか、困った時に相談するとか、そういう場所は必要／でも指導員も、（利用者の）人数増えて大変そうだし／友だちも、（事故から）六年も経って、それぞれ社会に出るなり、大学でもそれなりの地位についてるけど、あいつ（崇博氏）は昔の感覚でさっぱり進まないでしょ。事故の後しばらくはメールでやりとりしてても、今は本当に何人かしかつながっていないかな。仕方ないんだけど。

受傷後数年経って、聴力に変調が見られる。テープ起こしのアルバイトを知人の大学教員に依頼されたが、ほとんど聞き取ることができず、断念している。

（二〇〇八年座談会より：父）

（息子は今どのように感じていると思うか）自分では仕事はできると思っていたのが、だんだんできないということがわかってきた。もともと就職経験がなくて、大学の研究室にずっといたものだから、普通の仕事を見下すような傾向があるのね。人に教えてもらうのはいやで、人に教えるのが得意だという思いがあって、年下の人とか女性に言われるとおもしろくないとかね、昔からそういう傾向はあったんだけど。今までやれたことができなくなったということを最近では自分でも自覚してきた。

その反面、何をやったらいいのか、自分で考えつくことができないものだから、じゃあ何をやったらいいんだ、と本人も戸惑っているというか、困っているというか、そんなところだろうかな。うつうつとした日もあるし、朝から逆にハイになってでかける日もある。

（そんな彼のために、家族や作業所ができることはあるか）今は難しいですね。例会にも最近あまり来ないのは、話を聞いてもね、聞こえないから、理解できないのね。耳が少し悪くなった。耳鼻科的な問題じゃなくて、脳の神経回路がうまくつながらないのか、注意力、集中力などが落ちてきているのが原因なのか、今のところどうしようもない。

結局ね、高次脳の人はそれぞれの能力はあっても総合的なことができない。息子の場合は専門の研究ばかりしてきたから、それ以外のことは知らないしできない。

彼もコロポックルの存在は非常に認めてくれているんですが。

（3）父の死以降――二〇一〇年一一月～

二〇一〇年六月、父は「物忘れがひどくなった」と頭部ＭＲＩを受けたところ、脳に腫瘍ができていることが判明する。その後肺にも腫瘍が見つかり、がんセンターに入院するも、半年たらずの闘病生活ののち、一一月一〇日に帰らぬ人となった。

葬儀のあと、本人は週一回くらいの頻度でコロポックルに来所し、主にＳ副代表に生活上のことなどを相談するようになる。作業所のメンバーがかなり入れ替わっていたことに加え、耳の聞こえが悪化していたため、メンバーとの交流はほとんどなかった。

（本人からＴＳＴ、ＫＳＴへのメールより）

先日父が亡くなったこともあって、コロポックルの次の居場所をさがそうかという話になったのですが／耳があまり良くなくて、テレビ・ラジオは何を言ってるかほとんどわからず／初めての人との会話でも苦労することが多いのです。／父の生前、耳鼻科にも連れていかれ、補聴器も試してみたのですが、あまり役に立たないと感じました。／何かヒントがいただければ、と思いメールしてみました。

その後、長野で開催された脳外傷友の会全国大会に参加した折、本人が直接ＫＳＴに連絡を取って会うこととなったが、その際のＫＳＴの観察で、病院リハをしていた時と比べて、①滑舌はよくなった、②歩くスピードも若干速くなった、③耳はたしかに悪く、車内放送が聞き取れずに駅名の確認を視覚刺激に頼っている、④財布からお金を出す時に手が震える（病院でリハをしていた時には気づかなかった）等の変化に気づく。長野から帰宅後、STが補聴器店にこれまでの経緯や身体障害、高次脳機能障害のことを伝え、補聴器を作り、使用に至る。STに連絡を取ってから一年がかりのことであった。

（KSTからコロポックルへのメール）

最終的に、箱型補聴器を会話が聞き取りやすいように調整してもらい、一週間試用後、購入。本人いわく「特に耳障りな音もなく、人の話の輪に入っていけなかったのが、半分くらいわかるようになった」とのことでした。また、箱型の補聴器は手元で操作できること、お店の人が「聞きたくない音のときはスイッチを切ってもいい」と言ってもらったことなどで、「自分に合っている」と言っていました。今後、三ヶ月ごとに補聴器屋さんのほうで調整確認してくれる話になっていますので、うまく使いこなしていけるといい、と思っています。

これ以降の経緯については、本人に語っていただくこととする。

——現在の障害の状態について

僕は、体のほうにも障害があって、具体的には以下のような具合です。右の手足の軽い麻痺、体のバランスやコントロールの悪さ、目の問題（斜視と左の瞳孔散大）、発音のもどかしさ（滑舌が悪い?・）。ただ考えてみると、これらの（目に見える）障害は、以前に比べるとずいぶんよくなっているように感じます。でも、それより問題なのは、いわゆる高次脳機能障害ですね。思いつくまま並べますと、以下のような感じです。切り替えがうまくいかない、複数のことを同時に処理できない、新しいことを覚えづらい、以前覚えたことをうまく思い出せない（時間をかければ思い出せる場合は多くなった）、即断即決が苦手などです。

相変わらず物忘れも多いですし、こちらのほうはなかなかよくならないなぁ、と感じています。また、現在特に問題を抱えているのは、耳の聞こえの問題、詳しく言うと、物音を聞くのはさほど苦にならないが、人の話し声を聞いて意味を捉えるのが難しいことです。補聴器を使って一対一で話す分にはさほど問題はないのですが、補聴器を準備せずに急に声をかけられたりした場合、聞き取りが難しくなります。またマイクを通した声の聞き取りも苦手で、例えば東日本大震災の発生時は家の近くの書店にいたのですが、地震のあとの放送の内容がよくわからず、その場にたたずむのみでした。幸い札幌では特に避難の必要はなく、大事には至らなかったのですが。

――その後の活動

父が亡くなったあと、しばらくは家でゴロゴロしていましたが、やがて北大のソーシャルワーカーを通じて家の近くの作業所（就労継続支援B型事業所）を紹介してもらい、二年弱通所しました。ここでは主として、地番で表示されている名簿を住宅地図を見て住居表示に直す、という作業をしていました。これは僕にはとても向いていた作業でした。しかし、弟からの支援が途絶えたこともあり金銭的に厳しくなったので、自分の力を試してみよう、という思いもあり（要するに、少し背伸びをしてみたのです）、札幌の中心部にある作業所（就労移行支援事業所）に通所してみました。ここでは電子書籍を作る作業をしていたのですが、出版社ごとに手順が微妙に違って、その違いは数をこなすことによって慣れて覚えてください、というので、記憶力に問題を抱えている僕にはストレスの多い作業でした。

一昨年（二〇一三年）の末に個人年金が降りることになり金銭的な心配がほぼなくなったので、だったらもうこんな背伸びをすることもないや、と考え、去年の春から家の近くの作業所に戻ったのでした。これで一件落着、あとはここでくすぶり続けていこう、と思っていたら、その作業所の作業内容が変わり、僕にはちょっと難しいかなぁ、という作業（豆の選別）をするようになってしまったのでした（今は、少し無理を言って元の作業を（他の人の倍）やる形にしてもらっています）。なので、今はもう少し居心地のよい作業所が見つかるといいなぁ、と思い、障害者の相談所に相談をもちかけているところです。とりあえず、いくつか見学してみようか、という話になっています。その後のことは見学してみてから考える、という方向です。居心地のよさというのは、具体的に言うと、自分の不得意な作業を強要されたりしないこと、ノルマをこなしたあとは別な有意義な仕事をするか、仕事がないのなら例えば読書をするというようなある程度の自由があることでしょう。

――昔の自分と今の自分

昔はいろいろ夢（というより、野望と呼んだほうが正しいかも）を抱いていたが、今は「人生、あきらめが肝心」と思っています。

希望としては、好きな本を読んで過ごしたいと思っています。それなりに制約はあるものの、家の近くに（大学）図書館があるから、お金をかけなくても読む本にはそれほど困りません。「野望」（今はあきらめている）というのは、本を著し、世に出ることです。小説を書くような文才はなさそうだし、普段読む本がノンフィクションなどの小難しい本が多いので、そういった、新しい知見を与えられるような本を著せたら、と思います。無理と思うのは、一人でやっていると時間がうまく取れない、考え（視野？）が狭くなるから。

これからのこと？　とにかく生き延びる。野望は捨てました。現在、よいと思えることとしては、旭川に住んでいる、高校時代の友達とのつきあいが続いていること、近所の本屋で行われる朗読会（週一回）で出会うお年寄りと仲良くなったことでしょうか。

――父の死をどうやって乗り越えたか

乗り越えた、と言えるんでしょうか？　今の標語が「人生、あきらめが肝心」ですし。乗り越えているとすれば、やはり生き延びることによって、時が癒してくれた、ということでしょう。その意味でも、僕は即断即決には疑問があるのです。

――父は、どんな人生を送ってほしいと考えていたと思うか？

はっきり聞いたことはなかったが、「本を書きたい」という希望を言ったら、「それならできるんじゃないか」と言っていたことがあります。（父亡きあとの支援について）これもはっきり聞いたことはなかったが、弟たちとうまくやっていってくれれば、と思っていたのではないでしょうか。残された家族（弟二人）とは、うまくいっているとはいえません。結局、音信不通になってしまった。まぁ、兄弟は所詮他人に毛が生えたようなものだから、仕方ないかと思っています。

――今、「自分らしく生きる」ためには、何が必要か？

ヘレンケラーにとってのサリバン先生、乙武さんにとってのお母さんのような支援者。例えば本を著す場合、編集者の役割というのが非常に大きいそうです。つまり、当事者本人の思いを汲んで読みやすい本になるよう助言する立場の人。傷ついた脳では考え方・感じ方が普通の人とは少し異なってしまうのは仕方がないので、それを適切に修正できる人。常識的に言えば家族、が適任なのだろうけれど、僕にはもうそのような存在はこの世にいないし、これから先もあまり期待できないと思う。それに、従来は家族にすべて任せていたお年寄りの介護も、曲がりなりにも介護保険という制度ができて社会で担おう、という方向に変化したように、障害者の残りの人生を支えるのも、家族にすべて任せる、のは限界があるように感じる。また、現在の住まいは引っ越してきて約十年が経過し、全体の大規模修繕工事（これは、マンションの管理組合が主導しているので、個人でできること・するべきことはあまりありません。）が始まっているのですが、部屋の中（専有部分）もドアの仕切りの枠の部分が外れている箇所が複数あるなど、大分ガタがきています。本来であればどこかの業者にリフォームをお願いしたほうがよいのでしょうが、そのような複雑な契約を一人で成し遂げる自信はありません。一方、事故の賠償金は父が生前大半を個人年金（一時払い養老保険？）形式の運用をしてくれていたのですが、その残額が今年振込みになり、その他自分自身の事故前の預金の残りも加えるとある程度まとまった額のお金があるのですが、これもどうしてよいのかわからないところです。つまり、僕の場合、日常使う程度の額の金銭管理にはさほど問題ないが、大きな額の金銭管理は（たぶん）無理だろう、ということです（以前はやったことがないからわからない、と答えていたが、最近は無理だろう、と思うようになった）。まぁ最近よく特殊詐欺の報道などがありますから、大きな額の金銭管理の難しさは、何も高次脳機能障害に限った話ではないのでしょうが。先に通所する作業所を変更する相談をしている、という話をしましたが、これについても身近な人に相談に乗ってもらえれば、とは思います。また、僕は今の家に来る時や学生時代、幼少時など引越しの経験が何度かあるのですが、その煩雑さを思うと、今一人でやり遂げる自信はありません。

＊＊＊

本章では、家族が事故と後遺症に直面した場合、「その時＝親亡き後」に備えて何ができて何ができなかったのか、避けて通れない「その時」の訪れと、残された本人がどのようにその後の状況に適応するのか、何が問題として残り、どんな支援が必要かの一例を示したつもりである。

父は事故直後から積極的に情報を収集し、保障を求めるために動き、当時許される限りのリハビリを受けられるように手配した。特に、裁判においては、本人の逸失利益が過小評価されないために、自ら過去判例を調べ、研究専門職となっていた場合の生涯給与に基づく保障を求めた。リハビリも、言語療法と作業療法を同時進行で受けることができ、作業所通所開始後もこれは一年以上続いた。さらに、「連絡ノート」の存在により、家族、医療（リハスタッフ）、福祉（作業所スタッフ）間で緊密に情報交換をすることができ、より実用的なリハビリを進めることができたと思える。また、この時リハスタッフと結んだ信頼関係は感情的にも強いものであり、その後の局面でも大いに役立った。

一方で、リハビリ後の生活の構想については、早い段階で行き詰まりが見られた。本人が事故前に歩んでいたキャリアが非常に専門性の高いものであり、類似した代替案を見出すのが困難だったからである。まったく異なる人生設計をするためには、本人の意識も大きな転換をする必要があった。「勉強することは好き」な本人のために、障害学生のための専門学校はどうか、という提案がなされたのは、必然だったといえる。当初危惧されていた、年齢差のある周囲の学生との違和感はそれほどなく、学校生活そのものは楽しんでいたようである。

挫折は職場実習の段階で訪れた。このとき初めて、「できない自分」「将来が見えない自分」と向き合うこととなった。この頃から、気分の変動（抑うつ状態・反動と思われる躁状態）が強く見られるようになり、前述したようなトラブルもあった。「人に教える仕事がしたい」という本人の希望による、専門学校でのTAの経験も順調ではなく、戻った作業所では環境の変化や新しいメンバーになじめず、うつうつした日々が続く。さらに追い打ちをかけるように、耳の聞こえが悪くなり始め、依頼されたテープ起こしのアルバイトも不首尾に終わる。

うつ状態の治療のために精神科に通い始めるが、最初の病院では薬が合わず、また飲み忘れも多く、記憶障害に配慮しない医師ともそりが合わなかったため、病院を変わるまでの数年間は治療の効果も上がらなかった。

その上に父の死という受傷後最大の危機が訪れる。父が集中治療室に入ったあと、本人が臨終まで呼ばれなかったのは、精神状態を考慮してのものであろうか。葬儀においては、長男として喪主を務め、気丈に振る舞っていたのが印象的であった。父が亡くなって間もなく、本人の方からコロポックルを訪れ、さまざまな相談をもちかけている。

父の死から一年経って、自分から「通うところを探したい」と北大の医療ソーシャルワーカーに依頼、作業所Eに通い始めた。その後、就労移行支援事業所Aに通うものの不首尾に終わり、またEに戻っている。現在はさらに別の利用先を探している。

本人が失ったもの（学歴、約束されたキャリア、人生の目的）は大きかったが、さらに生活のすべてをコーディネートしていた父までも失った。本人の精神状態が危惧されたが、その後の生活によく順応しているように見える。本人のもともともつ、精神的な強靭さ、いい意味でのあきらめのよさ、研究者として培われた、現実的にものごとを捉えようとする態度などの強みが発揮されているといえよう。一方で、さらなる試練として、難聴が彼を襲う。社会生活において大きな障害となるものであり、耳鼻科での診察や補聴器の調整も当初はうまくいかなかったが、以前にリハビリを受けていたSTからの支援により、使いやすい補聴器を購入することができた。本人をよく知る専門職でなければ、不可能な支援であった。その後、一念発起して就労移行事業所に通う。この時、以前にコロポックルに勤務していた就労・生活相談室の職員に相談している。結局以前に利用していたB型事業所に戻っているが、最近では別の事業所を探しており、ここでもこの就労・生活相談室に相談に行っている。

医療面の支援

脳外傷の直接的な結果として起きる身体障害や高次脳機能障害の正しい評価、一定期間の密度の濃いリハビリが必要であることはもちろんであるが、その後に起きるあらゆる健康に関する問題で、高次脳機能障害に関する配慮（服薬、生活指導の遵守、医療・保健職とのコミュニケーション）がその都度必要となる。

特に、脳損傷の場合、数年経ってから、病識の向上や環境の変化によるストレスによって精神症状（抑うつ、気分障害、統合失調様の妄想など）に悩むケースが多く、精神科の医療スタッフによる支援は欠かせないが、表出している症状にのみ注目し、ベースに高次脳機能障害があることを見過ごしていると、対処を誤ったり、本人や家族の不信を招いたりすることもある。

崇博氏の場合も、抑うつ、興奮に悩んでいた時期に精神科とうまくいかず、数年後に病院を変えたのだが、このとき出会った医師には大きな信頼を置き、この医師が勤務先を変わった時には本人も追って病院を変わっている。父の死という大きな難局を無事に乗り越えたのも、精神医療の支えが大きかったと考えられる。

さらに、崇博氏の場合、聴覚障害が出現したあとに、以前リハビリでお世話になっていたSTと連絡を取れたことが、その後の補聴器の導入に大きな役割を果たした。すでに医療スタッフと患者という関係は終了していたが、本人の症状だけでなく性格などを総合的に知っていた専門職の存在がいかに大切かわかる。

高次脳機能障害の人にとっては、長期にわたって、高次脳機能障害の基礎知識の上に専門的・総合的な医療的支援を行うシステムが必要ということである。

生活面

本人の生活を支える制度についても、医療と同様のことがいえる。成年後見制度はセーフティネットの役割を果たすが、比較的優先順位の低い（とみなされる）日常の要件に柔軟に対応できるようにできているとは言い難い。本人の言うように、家のリフォーム、資産運用などについて、安価に、信頼して相談できる相手や制度がどこにあるのかという情報は得るのが難しい。

相談室、就業・生活支援センターは、フォーマルな支援（制度上に位置づけられた支援：作業所など）をコーディネートすることは得意でも、インフォーマルな支援に関しては不得意である。福祉の制度の煩雑さがサービスをわかりにくくしていることと同時に、本人のニーズに時間をかけて、長期間つきあうことに対応できていない。

作業所も、本人が安心できる場所とは言い難い。制度が年単位で変わり、作業所に求められる役割もかなりの早さで変わっている。居場所のはずが収益をあげることを求められたり、利用者やスタッフの入れ替えによって落ち着かなかったりと、せわしない。「ほっとしたい」というささやかな希望を満たすことすら困難である。

情緒面

支援してくれる家族の死という「その時」の訪れで最も脅かされるのは情緒・精神の部分である。本人の生来的な強さに依存する面が多いが、フォーマル・インフォーマルな関係の中で、それまでどれほど強い情緒的なつながりを築いてきたかが試される。崇博氏の場合、おそらく父が期待していたであろう、肉親（兄弟）からの支援は、現在ほとんど途絶えている。受傷前にあった関係（大学の教師、高校や大学の友人）で関係がある程度残っている相手も、多くは遠方にいることもあり、年賀状のやりとりや、近くまで旅行で行った時に会うなど、限られたつながりである。

崇博氏は、比較的フォーマルなつながりの中に、情緒的なつながりを見出しているように思われる（以前のST、友の会、就業・生活相談室など）。また、マンションの行事に参加したり、近所の本屋で開かれるコミュニティ・イベントに参加し、友人をつくったりと、自分の行動範囲内でできる限りの社会参加を試みてもいる。それでも、情緒面のつながりが、父の生前に比べて著しく縮小され、寂しい思いをしているのはたしかである。

それでも人生は続く

それでも人生は続くという事実の前に、本人がいかに力強く立ち向かっていくか、いわゆる「専門家」の力が及ぶ範囲がいかに限られているかを示すことができたなら幸いである。

支えられる人、支える人（フォーマル、インフォーマル問わず）が長期にわたってつながっていられるシステムは、どのようにつくられるのがのぞましいのだろうか。制度は医療も福祉も、一つ一つのフェーズが短縮され、それぞれの担当者が果たす役割が細かく制限され、利用がますます煩雑になっている。本人を情緒的に支える必要から考えれば、この傾向は百害あって一利なしである。専門職が、崇博氏のいう「よい編集者」として機能するには、規定された「専門職」の枠から一歩踏み出さなくてはならないのでは、と考えさせられるのである。

おわりに

本書をお読みになった皆様は、どのようなご感想をおもちでしょうか。私は、この一五年の日本脳外傷友の会の歩み、各地の高次脳機能障害者ご本人、ご家族とのふれあい、またその方々にかかわる専門家の方々とさまざま議論を重ねてきたことに思いを馳せつつ読ませていただきました。

おわりに私個人の体験と、日本脳外傷友の会の歩みの一端を振り返ってみたいと思います。

一九九三年、長男が交通事故に遭いました。当時二五歳、独身。助手席での受傷、運転手は即死でした。駆けつけた救急病院の個室では、右頭部に大きなガーゼを貼り付けた日焼けした息子が人工呼吸器をつけて横たわっていました。右脳挫傷、脳幹出血、救命されても植物状態は免れないだろうと説明されました。疲れ果てて時々廊下の待合所に休憩に行けば、テレビではにぎやかに日本シリーズが放映中で、野茂投手が大活躍している頃でした。奈落の底にいる日々を続けて五〇日目に息子が意識を取り戻していることに私自身が気づきました。一二月八日。我が家の開戦記念日となりました。

その後幸いにも神奈川リハビリテーションセンターに転院し、恵まれたスタッフのご支援を得て懸命なリハビリに励み、半年後の五月に退院することができました。主治医から、予後は軽視できないことを伝えられましたが、元来、障害児教育に携わっていた私自身は、脳幹を損傷したことから障害の重さは覚悟していたものの、今後のリハビリ次第でかなり改善されるのではと期待をしていました。軽度右麻痺、体幹機能障害、構音障害ということで、その後身体障害五級の障害者手帳を受給することになります。彼の元の職業であるテニスのインストラクターに復帰することは、懸命に努力してもかなわず、退職せざるを得ませんでした。

その後の職探しに七年も苦闘せざるを得なくなろうとは、予測できませんでした。外見ではわからない、脳の損傷の問題である高次脳機能障害です。以前にできていたことができなくなっていることに気がつくつらさを最も味わっているのは彼自身なのですが、それを認めたくないのもまた彼自身なので、その喪失感はきわめて深いのです。面接に出かけては振り落とされるのを見ている家族も十分にそのつらさを承知し、「どうにかならないか」と煩悶する日々でした。

交通事故の死傷者が年間一〇〇万人もいる当時、同様な問題を抱えて苦闘している当事者家族が大勢いるに違いないと感じて、一九九七年一〇月「脳外傷友の会ナナ」を結成することになりました。

名古屋に「脳外傷友の会みずほ」がすでに結成され、半年遅れて神奈川の「脳外傷友の会ナナ」。この二つの会は幸いにも、リハビリ病院のスタッフの方々の強力な指導と支援を得られた家族会でした。大阪に最も早く結成されていた「遷延性意識障害を含む若者と家族の会」との共催で我が国で初めての「頭部外傷交流シンポジウム」を一九九八年の二月二一日に横浜ラポールで開催したことは画期的なことでした。

一九九八年、アメリカの脳外傷事情の視察に行き、各州によって差はあるものの、職業リハビリテーションの仕組み、グループホームの設置、子どもの脳損傷の復学支援等において、さまざまな専門分野のスタッフのかかわりがあり、当事者の権利を守り、社会が受け入れていく体制がとられていることを知りました。家族会のロビー活動から連邦政府が脳外傷法をつくり支援体制を強化していることを知ったことも大きく、二〇〇〇年には私たちも日本脳外傷友の会を結成し、首都圏に近い神奈川の会長である私が連合会会長として活動を開始することになりました。

二〇〇〇年より、私たち友の会が厚生労働省や国立障害者リハビリテーションセンターに働きかけたことから、脳外傷者の問題が国会でもたびたび取り上げられて、二〇〇一年には高次脳機能障害支援モデル事業が開始されます。国立身体障害者リハビリテーションセンター（現・国立障害者リハビリテーションセンター）を中心に、全国で初年度一〇ヶ所、次年度から一二ヶ所の医療機関を拠点として、五年間にわたる事業が展開されました。その所在地は、いずれも、脳外傷友の会が設立され、家族会が強く関係機関に働きかけたところです。

その三年目の年に高次脳機能障害者は全国に三〇万人と推計されるという厚生労働省発表があり、そのうち在宅で特に支援を要する人は五万人と発表されました。しかし、一二ヶ所以外の地域では支援はまったくの手つかず状態ですから、私たちは事業の継続を要望しました。結果、二年の事業継続が決まり、モデル事業は五年間行われました。

モデル事業終了時に評価・診断基準が発表され、各地の拠点病院や施設で行われた訓練プログラムが有効な訓練モデルとして膨大な報告書にまとめられました。しかしながら、このモデル事業で行われた試行事業の対象者は、一八歳から六五歳までの、いわゆる生産年齢にあたる当事者を対象にしていました。

この間に家族会は各地に続々と誕生します。初めは主として、交通事故の後遺症者が多く入会している脳外傷友の会でしたが、やがて脳血管障害や低酸素脳症による高次脳機能障害当事者と家族の会が続々と誕生し、さまざまな会が存在するようになりました。

二〇〇六年障害者自立支援法が成立し、高次脳機能障害は支援の対象であると付則に明記されます。小児の場合は発達障害支援法が制定され、支援の対象とされました。しかし、まだまだ全国的に周知された障害ではなく、医療機関で診療拒否にあったり、年金申請が却下されるという事例が多発しました。当事者および家族の声が弱かったのです。

この間に日本脳外傷友の会は家族会連合体として全国各地に拡大し、二〇〇六年には内閣府の認証を受けたＮＰＯ法人認証団体となりました。このことによって、社会的信用度も増し、二〇〇七年には社会福祉医療機構からの助成金を受けて当時家族会が設立されていなかった一〇県でリハビリテーション講習会を実施し、当事者・家族会の設立を促す活動を推進しました。各県に飛び込みで出かけて支援機関を見つけ、講演会を毎月どこかで実施するのは大変な苦労でした。和歌山県から始まり、青森・秋田・山形・福島・福井・愛媛・徳島・山梨・宮崎・沖縄等それぞれのリハビリ病院を訪ねたり、県庁に直接乗り込んで直談判したりして、高次脳機能障害への理解を訴え、協力を要請しました。

現在ではそれらの全県に家族会が設立され、家族会の要望を受けて高次脳機能障害支援拠点機関が設置されています。

ところで、出遅れていた子どもの高次脳機能障害への取り組みですが、後遺症がないものとして成人し、進学、就労したものの、記憶力や注意力がなく、コミュニケーションにも問題があり、職場適応ができず、離職、転職を繰り返し、あげくは精神障害者として入院を余儀なくされているとか、引きこもりとなって社会参加できずにいるという家族からの訴えや当事者の声を聞く機会が多くなってきました。また、現実に子どもが事故や脳炎後に復学・進学しても周囲に理解がなかったり、本人自身が事故以前にできたことができなくなったというストレスから自分の頭をたたくなどの自傷行為や友人たちのいじめにあったりという家族からの悩みを聞く機会も多くなり「子どもの問題を何とかしなければ」という声が各地で聞かれるようになりました。

二〇〇八年一一月四日「後天性脳損傷の小児を支えるシンポジウム」を、我が国では初めて横浜で開催しました。アトムの会、ハイリハキッズ、神奈川リハ、千葉リハなど、小児問題に熱心に取り組んでこられた支援者、それに家族を交えた実行委員会を早期に立ち上げ何度も会合をもって、シンポジウムの内容、方向性を検討しました。当日はあいにくの雨天にもかかわらず、大きな反響を呼び、全国から関係者が参加して会場の「はまぎんホール」を埋め尽くしました。

その後、北海道や広島の会が子どもの問題に取り組む活動をさらに発展させ、特に北海道では独自のリーフレットの作成や保健師への理解、協力事業などを展開しました。

二〇一〇年四月、日本脳外傷友の会は年度目標として「小児問題に取り組む」を掲げ、厚生労働省の担当課長補佐にも縦割り行政の枠を超えた文部科学省との連携を要望しました。私は、まず現任教員の小児高次脳機能障害理解のための研修実施を神奈川県において成功させることを考えました。当初計画した七教育事務所管内での全研修を実施することはできませんでしたが、教育長や学校指導課長、特別支援学校校長などに面会し、また教職員組合事務所も訪問し、開催の趣旨、一般教員への参加依頼を促しました。しかし反応はまだまだ不十分で、理解を促す機会を続けねばと痛感しました。

二〇一二年の富山での日本脳外傷友の会の全国大会では、ついに文部科学省特別支援教育課長補佐が講演することとなりました。さらに翌年にはハイリハキッズの中村千穂さんを中心とするキッズネットワークが活動を開始することになります。

柔道事故被害者全国の会の支援も大切な活動です。中学生時代に柔道のクラブ活動で顧問の教諭に投げ飛ばされて高次脳機能障害になった息子をもつ脳外傷友の会の会員である小林恵子さんが全国柔道事故被害者の会を設立しました。柔道発祥の国であるにもかかわらず、死亡事故が多発していたのです。

諸外国に比べてあまりにも多い死亡事故や指導者の科学的養成が行われていないことなどを指摘し、日本柔道連盟側に反省を促す活動を支援してきました。柔道事故のみならず、すべてのスポーツ事故や校内事故、あるいは虐待児童問題も社会問題になってきつつあります。事故を減らすことが後遺症を減らすことの第一歩であることから今後も関係諸団体と協働してこの問題にも取り組む方針です。

ところで、二〇一一年三月一一日に起こった東日本大震災では多くの犠牲者が出ました。なかには頭を打ったり、溺れて低酸素脳症になった方もおられたかもしれません。日本脳外傷友の会による被災者支援はいわて脳外傷友の会イーハトーヴが全国から集めた支援物資を、陸前高田市，宮古市、大槌町等に運んでくれたことから始まります。全国から集まった募金も三〇〇万円を超え、新幹線の開通後には私も、まず宮城県、福島県に届けました。さらに宮古市、大槌町にも義捐金を届けました。

阪神・淡路大震災の時も、死亡者の数は報道され毎年慰霊祭も行われていますが、多くの後遺症を負った方々に対するその後の医療支援や生活支援についての報道が皆無であることが気がかりでした。安全、安心社会の再構築とともに、不幸にして事故や病気などさまざまな原因で障害を負った人のために、よりよい支援が行き届く環境を整備することは私たちの使命と痛感する日々です。また、このような災害が起こった時に臨機応変に行動できなくなった高次脳機能障害者が、避難や生活に困難をきたしたこともわかりました。今後の対策のために、持ち歩く安心カードと、高次脳機能障害・もしもの時リーフレットを、リハビリテーション心理職会のご協力を得て作成しました。作成にあたって資金面では日本理学療法士会からの助成金をいただき、全国の会員に配布するだけでなく支援機関でも参考にしていただくようにしました。

一七年前に立ち上った私たちは、親亡き後の当事者たちの生活が心配です。心温かい専門職をしっかり養成すること、地震や津波や、噴火や土砂崩れでも住んでいられる場があり、働く場所があり、喜びや生きがいを感じられる余暇活動等ができる社会が実現されることをつくづく願います。

そのためにあきらめず「一人はみんなのために、みんなは一人のために」というスローガンを設立以来掲げてきました。このスローガンを忘れずに今後も頑張りましょう。

時間はかかっても一歩一歩……。

最後に、執筆いただいた当事者・家族・専門家の皆様、本の出版にあたり大所高所からアドバイスをしていただき、出版社との調整の労をおとりいただいた神奈川工科大学の小川喜道先生、編集という大変な作業を一手にお引き受けいただいた、岐阜医療科学大学名誉教授で当会の設立以来の顧問、阿部順子先生、短期間で出版にこぎつけるために、いろいろ無理なお願いを聞いてくださったミネルヴァ書房の涌井格様に感謝申し上げます。

二〇一五年一一月一五日

東川悦子

浅野友佳子（あさの・ゆかこ）**第8話**

作業療法士。
現在，文屋内科消化器科医院訪問リハビリテーション部門責任者。

本多留美（ほんだ・るみ）**第9話**

言語聴覚士。
元県立広島大学保健福祉学部コミュニケーション障害学科。

山口加代子（やまぐち・かよこ）**第10話**

臨床心理士。
現在，横浜市総合リハビリテーションセンター医療部機能訓練課。

原田圭（はらだ・けい）**第11話**

社会福祉士。
現在，NPO法人コロポックルさっぽろ理事・相談員。

*東川悦子（ひがしかわ・えつこ）**あとがき**

編著者紹介参照

《解説執筆担当》（執筆順）

＊阿部順子（あべ・じゅんこ）はじめに・第2話

編著者紹介参照

山舘圭子（やまだて・けいこ）第1話

臨床心理士。
現在，医療法人巖心会栃内第二病院リハビリテーション部臨床心理科主任。

片岡保憲（かたおか・やすのり）第3話

理学療法士。
現在，NPO 法人脳外傷友の会高知理事長，株式会社 FIRST RATE 代表。

先崎章（せんざき・あきら）第4話

精神科医。
現在，東京福祉大学社会福祉学部教授。

大久保みのり（おおくぼ・みのり）第5話

作業療法士。
現在，社会医療法人健生会介護老人保健施設ふれあいリハビリ主任。

納谷敦夫（なや・あつお）第6話

精神科医。
現在，なやクリニック高次脳機能外来医師。

青木重陽（あおき・しげはる）第7話

リハビリテーション科医。
現在，神奈川県総合リハビリテーションセンター地域支援センター高次脳機能障害支援室室長。

《編著者紹介》

阿部順子（あべ・じゅんこ）

1949年　生まれ

現　在　岐阜医療科学大学名誉教授，NPO法人日本脳外傷友の会顧問，NPO法人脳外傷友の会みずほ副理事長。

主　著　『Q&A 脳外傷――本人と家族のためのガイドブック』（共著）明石書店，2001年。
『脳外傷者の社会生活を支援するリハビリテーション［実践編］事例で学ぶ支援のノウハウ』（編著）中央法規出版，2003年。
『高次脳機能障害支援コーディネートマニュアル』（共著）中央法規出版，2006年。
『認知機能回復のための訓練指導マニュアル』（監修）メディカ出版，2009年。
『高次脳機能障害「解体新書」』（監修）メディカ出版，2011年。
ほか多数。

東川悦子（ひがしかわ・えつこ）

1939年　生まれ

1997年　当事者の親として脳外傷友の会ナナを設立。

2000年　日本脳外傷友の会を結成し会長となる。

2006年　特定非営利活動法人認証をうけ理事長に就任し現在に至る。

高次脳機能障害を生きる
――当事者・家族・専門職の語り――

2015年11月30日　初版第1刷発行　〈検印省略〉

定価はカバーに表示しています

編著者	阿部順子 東川悦子
発行者	杉田啓三
印刷者	林　初彦

発行所　株式会社　ミネルヴァ書房

607-8494　京都市山科区日ノ岡堤谷町1
電話代表　(075)581-5191
振替口座　01020-0-8076

太洋社・清水製本

ISBN 978-4-623-07503-4
Printed in Japan